노력의 배신

노력의 배신

열심히만 하면 누구나 다 잘할 수 있을까?

김영훈 지음

BETRAYAL OF HARD WORK

21세기북스

당신의 실패는
노력이 부족해서일까

"나는 무슨 일을 하든 죽기 살기로 매달리는 노력파였다. 심지어 나의 재능을 '노력하는 자세'라고 자주 언급했다. 하지만 나는 대학 시절 내내 준비했던 회사에 세 번 연속 낙방했다. 처음 겪는 실패도 아니었다. 고등학교 3년 내내 더는 할 수 없을 만큼 최선의 노력을 했지만 희망했던 학과에 불합격했다. 열등감과 자책감이 나를 괴롭혔고, 나는 이를 극복하고자 모든 일에 더 노력했다. 하지만 그럴수록 나는 뜻하지 않게 노력의 악순환에 빠져들었다."

한 직장인이 쓴 글이다. 이 이야기는 실패자의 비겁하고 지질한 변명일까? 어설픈 자기방어일까? 패자의 넋두리일까? "세상이 뭐 그리 쉬운 줄 알았냐? 정말 죽을 만큼 열심히 노력했어? 그걸 노력이라고 한 거야?"라고 비아냥거리고 싶을지도 모르겠다. 노력이 부족했다고 믿을지도 모르겠다. 하지만 나는 위와 같은 사례들로 이 책을 다 채울 수도 있다.

열심히 노력하면 누구나 다 잘할 수 있을까? 실패의 원인은 노력의 부재 때문일까? 성공은 뼈를 깎는 노력의 결과일까? 독기를 품은 노력 없이는 성공도 없는 것일까? 이 세상에는 노력의 힘과 위력을 찬양하는 사람이 너무 많다. 노력을 성공의 유일신으로 믿고 섬기는 사람들이 즐비하다. 빈부귀천, 남녀노소 가리지 않고 우리 사회에 퍼져 있는 믿음이며 신앙이다. 이런 믿음 때문일까? 우리는 모든 성공과 실패의 원인을 노력으로 설명하려 한다. 최선의 노력을 다했기 때문에 성공한 것이고, 최선의 노력을 다하지 않았기 때문에 실패한 것이라고 믿는다. 이런 '노력 신드롬'이 오랫동안 우리 사회를 지배해왔다.

노력 신드롬은 허구이자 환상이다. 노력을 많이 한다고 성공하는 것도 아니고, 노력을 적게 한다고 실패하는 것도 아니다. 노력은 수많은 조건 중 하나일 뿐이다. "그래도 가장 중요한 조건 중 하나가 노력 아닌가?"라고 반문한다면, 나는 절대 아니라고 답하겠다. 세상에는 노력보다 훨씬 더 중요한 조건이 많다.

우리가 애써 못 본 척할 뿐이다. 노력보다 더 중요한 조건이 있다는 것을 인정하면 우리 삶이 더 비참해질 것이라고 생각하는지도 모르겠다. 노력 신드롬이라는 허상에 빠져 현실을 직시하지 못한 채 말이다.

하지만 역설적이게도 노력을 유일신으로 믿으면 믿을수록 우리의 삶은 더 비참해진다. 헤어날 수 없는 덫에 걸린 쥐처럼 말이다. 최선의 노력을 다한다고 성공하는 것이 아니기 때문이다. 노력이란 이름으로 쉴 틈 없이 발버둥을 치지만 돌아오는 것은 깊어지는 패배감과 좌절감뿐이다.

더욱더 슬픈 사실은 실패에 대한 모든 책임을 개인이 져야 한다는 점이다. 최선의 노력을 다하지 않은 것이 실패의 유일한 원인이라고 믿기 때문이다. 좋은 대학교에 합격하지 못한 것도, 좋은 직장에 취업하지 못한 것도, 가난한 것도, 뚱뚱한 것도, 하물며 건강하지 못한 것도 모두 개인의 책임이다. 마땅히 받아들여야 하는 대가이자 정당한 처벌이다. 사회를 욕하거나 어설프게 핑계를 대서도 안 된다. '노력 신봉 공화국'에서는 누구나 최선의 노력을 다하면 성공할 수 있기 때문이다. 노력 외에는 다른 이유가 있을 수 없고, 있어서도 안 된다.

이런 노력 신봉 공화국에서 많은 사람이 쓰러졌고 지금도 쓰러지고 있으며 앞으로도 쓰러질 것이다. 그렇다고 최선의 노력을 그만둘 수도 없고 포기할 수도 없다. 노력 신봉 공화국에서 실패에 대응하는 유일한 방법은 자기기만뿐이다. 최선의 노력을 다하지 않았다고 자기 자신을 설득해야 한다. 그리고 더욱더 열심히 달려야 한다. '최선의 노력을 다했지만 실패했다'라고 인정하면 안 된다. 그것은 자기 스스로 '노력해도 안 되는 사람'이라는 낙인을 찍는 행위이기 때문이다. 적어도 노력 신봉 공화국에서는 그렇다.

노력 신드롬이라는 환상은 전염병이 되어 우리 사회를 통째로 멍들게 하고 있다. 너나 할 것 없이 모두가 노력이라는 이름으로 자신을 가혹하게 대한다. 자기 자신을 매섭게 채찍질하며 끝없이 전력으로 질주한다. 수많은 상처, 패배감, 자괴감을 짊어진 채 말이다. 자기 자신만 가혹하게 대하는 것으로 끝나지 않는다. 노력이라는 명분으로 타인도 끊임없이 판단하고 정죄한다. 숨도 쉴 수 없을 만큼 호되게 다그친다. '노력 부재'로 시작한 판단과 정죄는 '노력 처방'이라는 훈계로 끝난다. 노력의 힘을 신봉하면 신봉할수록 우리 사회는 더 깊은 수렁으로 빠져들 것이다.

이 책에서는 대한민국 사회가 얼마나 노력의 힘을 과신하고 있는지 다양한 사례와 비교를 통해 보여주고, 성공과 실패가 노력이 아니라 재능과 운, 특별한 환경 등으로 결정된다는 것을 증명할 것이다. 이를 통해 우리가 노력 신봉 사회를 어떤 시선으로 바라봐야 할지, 또 어떻게 살아가야 할지를 돌아볼 것이다.

더는 노력을 성공의 유일신으로 섬기지 않으면 좋겠다. 더는 노력이라는 이름으로 자신과 타인을 가혹하게 대하지 않으면 좋겠다. 더는 성공한 사람들이 성공으로 얻은 부귀영화를 노력이라는 이름으로 명분 삼지 않으면 좋겠고, 더는 실패한 사람들이 노력이라는 이름으로 자신을 벼랑 끝으로 몰아붙이지 않으면 좋겠다. 서로 다르게 타고난 재능과 특성을 인정하고 가치 있게 여겨주면 좋겠다.

2023년 7월 김영훈

CONTENTS

프롤로그 당신의 실패는 노력이 부족해서일까   005

PART 1
노력의 배신

01 노력 신봉 공화국
최선의 노력을 다하면 정말 잘할 수 있을까   017

70점과 90점 과목, 무엇을 공부할 것인가   025

IQ 테스트로 대학 입시를 결정하는 나라   032

너무 열심히 사는 노력 신봉 공화국 사람들   039

02 사람이 노력으로 변할 수 있을까
훈계와 잔소리의 나라   048

범죄자는 어떻게 태어나는가   057

사람은 변할 수 있다는 기대가 갈등을 만든다   067

타고난 것을 인정하지 않는 사회   075

PART 2
노력과 재능의 끝없는 대결

01 노력 vs 재능, 누가 최후의 승자일까
'1만 시간의 법칙'은 틀렸다   081
노력과 재능에 관한 과학적 증거   095

02 관점 ① - 노력은 도대체 누가 하는가
재능과 노력은 서로 완전히 다른 것일까   104
노력을 가능케 하는 것은 재능이다   113

03 관점 ② - 노력하면 누가 성공하는가
노력의 효과는 누구의 것인가   120
노력하지 않으면 재능은 빛을 보지 못할까   132

04 관점 ③ - 노력이란 무엇인가
IQ, 재능, 환경을 뛰어넘는 열정적 끈기는 존재할까   151

CONTENTS

'그릿'은 타고나는 것인가, 훈련하는 것인가   161

05 관점 ④ - 경쟁과 시간의 벽
경쟁은 노력을 무력화한다   172
유한한 시간과 노력의 상관관계   186

PART 3
당신의 성공은 정당한가

01 공정성의 진짜 의미
성패에 따른 보상과 처벌, 당연한 이치일까   197
재능이 '운'인 두 가지 이유   208
노력이 성공을 가져다준다는 착각   217

02 능력주의는 왜 위험한가
노력 신봉 공화국이 불러온 개인적 고통   227

노력 맹신이 불러온 사회적 고통   235
부와 노력에 대한 우리의 시선과 사회적 책임의 부재   248

03 노력 신봉 사회에서 살아가는 법
노력이라는 이름으로 자신을 가혹하게 대하지 말라   259
당신의 성공에는 명분이 없다   267
개인적 책임보다 사회적 책임을 강조하라   273

에필로그 노력이 진정 빛을 발하려면   284
참고문헌   290

PART 1

BETRAYAL OF

노력의
배신

HARD WORK

01
노력 신봉 공화국

_ 세상에는 열심히 하는 사람과 잘하는 사람이 있다. 안타깝지만 열심히 하는 사람이 꼭 잘하는 사람은 아니다. 열심히 노력하면 결국 잘할 수 있다는 노력 신드롬은 잘못된 환상이다. 이 환상은 전염병이 되어 우리 사회를 통째로 병들게 하고 있다. 노력을 많이 한다고 성공하는 것도 아니고, 노력을 적게 한다고 실패하는 것도 아니다. 노력은 수많은 조건 중 하나일 뿐이다.

최선의 노력을 다하면
정말 잘할 수 있을까

　　일찍 일어나는 새가 벌레를 잡는다, 거지도 부지런하면 더운밥 얻어먹는다, 지성이면 감천이다, 열 번 찍어 안 넘어가는 나무 없다, 구르는 돌에는 이끼가 안 낀다, 하늘은 스스로 돕는 자를 돕는다, 무쇠도 갈면 바늘 된다…. 어려서부터 귀에 딱지가 앉게 많이 들은 속담들이다. 심지어 책상이나 머리맡에 써 붙여놓기도 했다.

　　이 속담들의 공통점은 무엇일까? 무슨 일이든 노력하면 잘할 수 있다는 말이다. 바꿔 말하면 모든 문제는 노력의 부재로 야기된다는 뜻이기도 하다. 실패보다 더 나쁜 것은 포기다, 포기하는 자에게는 미래도 희망도 없다, 실패를 두려워하지 마라, 포기란 말은 배추 셀 때나 쓰는 말이다 등등 노력을 강조하는 수준을 넘어 포기를 죄악시하기까지 한다. 우리는 태어나면서부터 이런 노력 성공 신화의 홍수 속에 살았다. 지금도 마찬가지다. 서점에는 노력으로 성공 신화를 설명하는 책들이 넘쳐나고, TV 프로그램은 그런 사람들을 초청해 시청자들의 동기를 끌어올리려 혈안이 되어 있다. '노력 신봉 공화국'의 일상이다.

그렇다면 우리가 믿는 것처럼 열심히 공부하면 누구나 공부를 잘할 수 있을까? 고등학교 때 열심히 공부하지 않은 것을 후회하는 사람이 많다. 그때 딴짓하지 않고 열심히 공부했으면 삶이 달라졌을 것이라고 믿기 때문이다. 그래서일까? 다른 것은 몰라도 공부만큼은 자녀에게 기대하는 바가 많다. 더 정확하게 말하면 공부로 자녀를 학대한다. 자식만큼은 좀 더 열심히 공부해서 더 좋은 삶을 살았으면 하는 마음이 크기 때문이다.

그런데 여기에는 중요한 믿음이 전제한다. 다름 아닌 '열심히 최선을 다하면 공부를 잘할 수 있다'는 믿음이다. 이런 믿음이 깔려 있으니 본인의 지난 삶을 후회하기도 하고, 자식에게 '열심히 공부하라'는 잔소리도 하는 것이다. 그런 믿음이 없다면 본인의 삶에 대한 후회도 없을 것이고, 자식들을 그렇게 괴롭히지도 않을 것이다.

노력은 배신하지
않는다는 믿음

'노력의 배신'이라는 내 강의를 들었던 한 학생의 이야기를 해보자. 그 학생은 어릴 적부터 공부를 잘했다. 부모님으로부터 열심히 노력하면 다 잘될 것이라는 이야기를 들으며 자랐고 본인도 그렇게 생각했다.

문제는 중학교에 진학하고서부터다. 중학교에 올라가 처음 본 수학 시험에서 4등급을 받은 것이다. 그 학생은 남들보다 한 문제라도 더 풀면 성적이 오를 것이라고 믿었다. 학교 수업이 끝나면 삼각김밥을 먹으며 수학학원으로 달려가 새벽 2시가 넘도록 공부했다. 공부하는 시간을 재는 스톱워치는 매일 12시간을 향해 달렸다. 하지만 안타깝게도 수학에 투자한 시간과 수학 실력은 비례하지 않았다. 중학교 내내 그의 수학 성적은 3등급을 벗어나지 못했다.

특목고에 진학하면서 수학은 훨씬 더 중요해졌다. 상대적으로 공부를 더 잘하는 친구들과 경쟁해 좋은 내신을 받아야 했기 때문이다. 그 학생은 일주일에 50시간 이상을 수학에 투자하겠다는 목표를 세웠다. 하루에 7시간씩 수학 공부를 했다. 다른 공부가 바쁠 때는 아침부터 밤까지 한 끼도 먹지 않고 자리에 앉아 과자로 배를 채우며 수학 문제를 풀었다. 하지만 고등학교 내신도, 수학능력시험도 결과는 모두 3등급이었다. 연세대학교에 입학한 뒤 "너는 수시라서 수능 대충 본 거지? 문과 수학은 노력으로 누구나 잘할 수 있잖아"라고 이야기하는 친구들에게 차마 밥도 안 먹어 가며 공부해서 받은 성적이라고는 말할 수 없었다.

이 학생은 오랜 시간을 투자했는데도 자신의 수학 실력이 제자리걸음인 것을 '노오오력'이 부족했기 때문이라고 생각했다. '내가 50시간을 투자할 때 70시간을 투자한 아이들도 있겠지. 내가 '쎈수학' 문제집을 세 번 풀 때 열 번 푼 아이들도 있겠지. 샤프로 허벅지를 찔러 가며 공부하는 아이들도 있다는데 나는 졸리면 엎드려 잤잖아.' 계속해서 '노오오력'이 부족했던 순간들을 떠올리며 자책했다.

이 학생처럼 많은 사람이 자신의 실패 원인을 노력의 탓으로 돌린다. 성공의 원인도 노력이고, 실패의 원인도 노력으로 치환해버린다. 이런 '노력 신드롬'은 오랫동안 우리 사회를 지배해왔다.

이쯤에서 우리는 확인해봐야 한다. 정말 최선을 다해 열심히 노력하면 누구나 다 잘할 수 있을까? 반대로 실패했다면 그것은 오로지 노력이 부족했기 때문이었을까?

열심히 하는 사람과
잘하는 사람

대학교를 졸업할 무렵이 되면 면접을 요청하는 학생이 많다. 대부분 대학원 진학에 관한 내용이다. 주로 공부를 잘하는 친구들이 면담을 요청한다. 전공 분야에 관한 질문이 많지만, 본인이 공부에 소질이 있는지 알고 싶어 하는 학생도 적잖다. 연세대학교에 입학할 만큼 공부를 잘했음에도 공부 재능에 대한 확신이 들지 않는 모양이다. 더군다나 대학을 4년이나 다니며 공부했으면 자기 적성과 소질에 대해 어느 정도 알게 되었을 텐데 말이다.

물론 나도 대학원생을 뽑을 때 똑똑하고 동기가 높은 학생을 뽑고 싶다. 그런데 안타깝지만 나도 어떤 학생이 공부를 잘할지 잘 모른다. 대학 학점을 확인하고 면접을 통해 추정할 뿐이다. 그렇지만 나는 면담하러 온 학생에게 걱정하지 말고 일단 대학원에 와서 공부해보라고 권한다. 한두 학기만 연구과제를 같이 해보면 이 학생이 '공부에 대한 재능이 있는지' 나도 알고, 학생 본인도 알게 되기 때문이다.

조금 성급한 판단이 아니냐고 반문할 수도 있다. 하지만 실제로 짧으면 한 학기, 길면 두 학기가 끝나기 전에 어느 정도 판단이 가능하다. 연구와 관련한 토론을 반복하다 보면 누가 공부에 재능이 있는지 혹은 누가 가장 똑똑한지 확연히 드러난다. 연구실에 있는 학생들의 똑똑한 순서를 한 치의 오차 없이 매길 수 있을 정도다.

교수로서 수많은 학생을 오랫동안 지도해본 경험이 있기 때문이어서가 아니다. 나뿐만 아니라 연구실에 있는 모든 학생이 다 알게 된다. 대놓고 표현하진 않지만 암묵적인 순서가 엄연히 존재한다. 물론 본인이 이런 사실을 모를 리 없다. 토론과 논문 쓰기라는 가장 현실적이고 처절한 방법으로 자기의 실력을 검증받기 때문이다. 대학 입학할 때와는 또 다른 차원의 경험이다.

공부하겠다고 대학원에 진학한 친구들이다 보니 공부 재능에 대한 현실 자각은 마음을 아프게 한다. 그 이유는 이런 똑똑함을 누구도 노력의 산물이라고 생각하지 않기 때문이다. '쟤는 얼마나 노력을 많이 했길래 저렇게 논리적이지?', '쟤는 얼마나 열심히 노력했으면 저렇게 논문을 잘 쓸까?' 이렇게 생각하는 사람은 거의 없다. 그냥 누가 봐도 똑똑함이 보인다. 이 세상에 숨길 수 없는 것이 가난, 사랑, 기침 세 가지라고 하는데, 내가 보기에는 똑똑함도 숨길 수 없는 것 중 하나인 듯하다. 만약 똑똑함이 노력과 연습의 산물이라면 그렇게까지 마음이 아프지 않을 것이고, 자존감이 떨어질 이유도 없을 것이다. 노력하면 되기 때문이다. 그게 아니니 자존심이 다치고 아픈 것이다.

교수들끼리 대화를 나누다가 어떤 학생 이야기가 나오면 "그 학생 엄청나게 잘해요" 혹은 "그 학생 엄청나게 똑똑해요"라고 말하지, 어느 교수도 "그 학생 엄청나게 노력해요"라고 말하지 않는다. 어떤 학생은 "선생님은 노력해도 안 되는 나를 누구보다 안쓰러워하셨다"라는 이야기를 하기도 한다. 안타깝게도 현실에서는 노력과 실력을 거의 반대 개념으로 사용할 때가 많다. "저 학생은 참 열심히 하는데 성적이 안 따라줘요"라며 안타까워한다.

슬프지만 이 세상에는 '열심히 하는 자'와 '잘하는 자'가 있다. 열심히 하지만 잘하지 못하는 친구들이 학교나 회사에 수없이 많다. 더 솔직하게 이야기하면 대부분의 사람이 그렇다. '저 친구 참 열심히 한다'라는 말이 종종 쓸쓸하고 허전하게 들리는 이유는 이 말 뒤에 '잘한다'라는 말이 없기 때문이다. 사람들은 경험적으로 열심히 노력하는 것과 잘하는 것이 다르다는 것을 알고 있다.

그래서일까? 대학원 석사과정에서 1~2학기가 지나면 대부분의 학생이 장래 목표를 수정한다. 박사과정을 밟을 것인지, 석사과정을 끝으로 취업할 것인지를 결정하는 것이다. 누가 조언하지 않아도 다들 알아서 잘들 결정한다. 적성도 적성이지만,

노력으로 극복할 수 없다는 것을 본인 자신이 가장 잘 알기 때문이다. 한 조사에 의하면 미국 박사과정에서 졸업하지 못한 채 그만두거나 수료로 끝내는 비율이 60퍼센트나 된다고 한다. 그 수많은 학생들이 최선의 노력을 다하지 않아서 박사과정을 끝내지 못한 것일까? 노력이 문제였다면 그렇게 쉽게 그만두지는 않았을 것이다.

중요한 것은 세상에는 열심히 하는 사람과 잘하는 사람이 있다는 것이다. 안타깝지만 열심히 하는 사람이 꼭 잘하는 사람은 아니다. 열심히 노력하기만 하면 결국 잘할 수 있다는 노력 신드롬은 잘못된 환상이다. 이 환상은 전염병이 되어 우리 사회를 통째로 병들게 하고 있다. 노력을 많이 한다고 성공하는 것도 아니고, 노력을 적게 한다고 실패하는 것도 아니다. 노력을 성공의 유일신으로 신봉해서는 안 된다. 노력은 수많은 조건 중 하나일 뿐이다. 그래도 가장 중요한 조건 중 하나가 노력 아니냐고 반문한다면, 나는 절대 아니라고 답하겠다.

70점과 90점 과목,
무엇을 공부할 것인가

우리에게 '열심히 하면 공부를 잘할 수 있다'라는 말은 너무나 당연한 이야기처럼 들린다. 어렸을 때부터 노력과 성공을 동일선상에 놓고 살았기 때문이다. 그런데 정말 열심히 공부하면 좋은 대학교에 입학할 수 있을까?

앞서 소개한 학생은 고등학교 때 수학에만 하루 7시간씩 투자하며 일주일에 50시간을 공부했지만 매번 3등급에서 벗어날 수 없었다고 했다. '밥도 안 먹어 가며 공부해서 받은 성적'이라고 토로했다. 얼마나 열심히 공부했겠는가. 안 봐도 훤하고, 이야기를 듣는 것만으로도 가슴이 아프다. 그 학생의 수학 성적이 노력을 다하지 않아 3등급으로 나왔다고 보기는 어렵다.

그럼 공부하는 방법에 문제가 있었던 것일까? 다른 과목의 점수가 모두 최상위였던 것을 고려하면, 이 학생이 수학에만 존재하는(?) 특별한 공부법을 몰랐다고 보기는 어렵다. 그렇다고 이런 일이 이 학생에게만 일어나는 특수한 사례라고 보기도 힘들다. 이런 학생이 너무 많기 때문이다. 무엇이 문제일까? 정말 열심히 공부하면 누구나 공부를 잘할 수 있는 것일까? 아니면 노력 신봉 공화국에 사는 사람들의 착각일까?

이 질문에 대한 답을 찾기 전에 우리가 노력에 대해 어떤 믿음과 신념을 가졌는지, 그리고 그런 믿음과 신념은 우리의 삶 속에서 어떻게 구현되고 실행되는지 먼저 살펴볼 필요가 있다. 특별히 다른 문화권과 비교해본다면 노력 신봉 공화국의 실체를 조금 더 쉽게 이해할 수 있을 것이다.

해럴드 스티븐슨Harold W. Stevenson과 제임스 스티글러James W. Stigler의 연구에 의하면, '열심히 노력하면 수학을 잘할 수 있다'라는 말에 미국인들은 25퍼센트 동의하지만, 동양인들은 60퍼센트나 동의한다고 한다. 다르게 표현하면 미국인들의 75퍼센트는 최선의 노력을 다해도 수학을 잘 못할 수 있다고 믿는다는 것이다. 노력해도 안 될 수 있다는 믿음이 상당히 강하다는 것을 알 수 있다. 수학을 포함해 무슨 일이든 노력하면 잘할 수 있다고 믿는 동양인들의 관점에서는 이해하기 힘든 부분이다.

그렇다면 미국 사람들은 염세적인 태도로 세상을 사는 것일까? 포기를 너무 쉽게 하는 사람들의 핑계일까? 그것도 아니라면 노력해도 안 된다는 것이 무슨 뜻일까? 극단적으로 표현하면 공부를 잘하는 학생과 그렇지 않은 학생이 이미 태어날 때부터 정해져 있다는 말일까?

문화마다 노력의 효과에 대한 믿음이 다르다는 것은 매우 흥미로운 사실이다. 어떤 문화권에서는 노력하면 무엇이든 잘할 수 있다고 생각하고, 다른 문화권에서는 노력한다고 다 잘할 수 있는 것은 아니라고 생각한다니 말이다. 그런데 더 흥미로운 사실은 두 믿음 중 하나는 틀릴 수밖에 없다는 것이다. 둘 다 맞을 수 없는 서로 배척하는 주장이기 때문이다.

노력 신봉 공화국의 마술, 실패하면 더 열심히 노력한다

캐나다 브리티시컬럼비아대학교 심리학과 스티븐 하이네Steven Heine 교수는 2011년도에 동양인과 서양인을 대상으로 재미있는 실험 하나를 진행했다. 실험에 참여한 모든 사람은

'창의성' 시험을 봤고, 시험이 끝난 후 거짓 피드백을 받았다. 어떤 사람들은 '상당히 잘했다!'라는 피드백을 받았고, 다른 사람들은 '상당히 못했다!'라는 피드백을 받았다. 그런 다음 실험에 참여한 사람들은 후속으로 또 다른 창의성 과제를 했다.

스티븐 하이네 교수가 알고 싶었던 것은 '어떤 피드백을 받았을 때 사람들이 후속 과제를 더 열심히 할까'에 관한 것이었다. 문화심리학자인 스티븐 하이네 교수가 더욱 관심을 둔 부분은 동양인과 서양인 간의 차이였다. 결과는 놀라웠다. 서양인들은 '상당히 잘했다!'라는 피드백을 받았을 때 후속 과제를 더 열심히 했고, 동양인들은 '상당히 못했다!'라는 피드백을 받았을 때 후속 과제를 더 열심히 했다.

서양인들은 왜 '상당히 못했다!'라는 피드백을 받았을 때는 열심히 하지 않고, '상당히 잘했다!'라는 피드백을 받았을 때 더 열심히 했을까? 그 이유는 타고난 재능을 믿고 인정하기 때문이며, 노력의 능력을 그리 신뢰하지 않기 때문이다.

재능은 타고나는 것이고 노력으로 변화될 수 있는 것이 아니라면, 잘하지 못한 과제에 시간과 노력을 들이는 것은 무의미한 일이 될 수밖에 없다. 전혀 합리적인 일도 아니다. 해도 안 되는 일에 왜 귀한 시간과 자원을 쓰겠는가. 그럴 이유가 전혀 없다. 잘하는 일에 시간과 노력을 들이고, 못하는 일은 포기하는 것이 훨씬 더 효율적이고 생산적인 일이기 때문이다.

하지만 동양인들은 반대의 경향성을 보였다. 잘하는 일은 열심히 하지 않고, 못하는 일에 더 많은 시간과 노력을 들였다. 왜일까? 이들은 못하는 일도 열심히 노력하면 잘해낼 수 있다고 믿기 때문이다. 잘하는 일에 대해서도 열심히 노력하는 것이 중요하겠지만, 더 중요한 일은 못하는 일을 잘하는 일로 바꾸는 것이다. 노력으로 얼마든지 그렇게 할 수 있다고 믿기 때문이다. 부족한 부분도 최선을 다해 노력하면 잘할 수 있다고 믿는 것이다.

동양인에게 세상에 노력해서 안 되는 일은 없다. 공부도, 사업도, 연애도, 결혼 생활도, 직장 생활도, 주식도, 돈 모으는 일도, 달리기도, 음악도, 체육도, 영어도, 수학도, 춤도, 노래도…. 예외가 있을 수 없다. 최선을 다하면 부족한 일도 다 잘할 수 있다. 그래서 동양 사람들은 항상 부족한 점에 집중한다.

잘하는 부분에 관해서는 이야기하면 안 된다. 그것은 교만한 일이고 오만불손한 일이다. 부족한 점을 찾고, 노력으로 극복하려는 자세를 갖춰야 한다. 노력 신봉 공화국에서는 그래야만 겸손하고 훌륭한 사람이라는 칭찬을 받는다. 세계적인 상을 탔을 때도, 우수한 성적으로 좋은 대학교에 입학했을 때도, 좋은 직장에 들어갔을 때도 대놓고 자랑해서는 안 된다. 겸손을 갖춰야 하며 부족한 점을 찾아야 한다. 더 열심히 달려야 한다. 우리는 끊임없는 노력을 통해 더 성장할 수 있기 때문이다.

잘한 것과 못한 것,
어떤 게 더 중요할까

스티븐 하이네 교수는 추가로 동양 사람과 서양 사람이 어떤 시험을 더 중요하게 생각하는지 알아봤다. 시험을 본 후 선생님이 '잘했다!'라고 말했을 때와 '못했다!'라고 말했을 때, 당신이라면 어느 쪽의 시험을 더 중요하게 생각하겠는가? 상식적으로 사람들은 '잘했다!'라는 피드백을 받았을 때 그 시험을 더 중요하게 생각한다. 그래야 자존감을 지킬 수 있기 때문이다. 반대로 사람들은 '못했다!'라는 피드백을 받았을 때 그 시험의 의미와 중요성을 낮게 생각한다. '별로 중요하지 않은 시험이야', '나는 별로 열심히 안 했어', '별로 흥미 없는 시험이야'와 같은 말을 해야 자존심을 지킬 수 있기 때문이다.

하지만 스티븐 하이네 교수는 동양인들에게서 뜻밖의 결과를 발견했다. 미국인들은 '상당히 잘했다!'라는 피드백을 받았을 때 그 시험을 더 중요하게 생각했지만, 동양인들은 '상당히 못했다!'라는 피드백을 받았을 때 그 시험을 더 중요하게 생각했다. 동양인에게는 실패한 사건이 더 중요하다. 실패한 것은 노력을 통해 반드시 성공으로 만들어야 하고, 그렇게 할 수 있다고 믿기 때문이다. 실패는 실패로 놔둘 수도 없고, 놔둬서도 안 된다. 열심히 노력하면 실패를 성공으로 바꿀 수 있기 때문이다.

반면 미국인들은 실패한 일을 중요하게 생각하지 않았다. 그냥 포기하면 되는 일이다. 노력해도 안 되는 일이기 때문에 별로 신경 쓸 필요가 없다. 신경 쓰는 것 자체가 이상한 일이고 무의미한 일이다.

IQ 테스트로
대학 입시를 결정하는 나라

　　노력에 대한 동양과 서양의 인식 차이는 대학 입시에서
도 극명하게 드러난다. 대학은 어떤 기준으로 학생을 뽑을까?
모든 대학은 가능하면 훌륭한 학생을 선발하고 싶어 한다. 미국
대학은 세 가지 기준으로 학생을 뽑는다. 첫째는 고등학교 내신
성적이고, 둘째는 수학능력시험(수능)이고, 셋째는 비교과 활동
(수상 경력, 리더십, 악기 연주, 체육 활동 및 수상, 봉사 활동)이다.

　　우리나라 입시도 비슷하게 이 세 가지를 중점적으로 평가한
다. 이 중에서 입시의 꽃은 수능이다. 수능에서 우수한 점수를 획
득하면 명문대 진학이 어느 정도 보장된다. 알다시피 매년 11월

이면 각종 뉴스를 통해 수능 만점자에 관한 보도가 이어진다. 전 국민의 관심사이기 때문이다. 특히 어떻게 공부했는지에 대한 관심이 아주 높다. 하루에 몇 시간 자고 공부했는지, 학원은 몇 개나 다녔는지, 과외는 얼마나 했는지 등이 궁금한 것이다.

그러면 수능 문제는 어떻게 구성되어 있을까? 스티븐 하이네 교수는 자신의 저서 『문화심리학Cultural Psychology』에서 수능 문제의 취지와 구성이 문화마다 다르다고 분석한다. 그의 분석에서는 미국의 수능시험과 일본의 대학 입학시험을 비교했지만, 같은 논리가 우리나라에도 적용된다.

미국에서는 수능을 SAT라고 부른다. 영어 글쓰기, 영어 독해, 수학으로 구성되어 있고 점수는 최하 400점에서 최고 1,600점까지 분포되어 있다. 1926년에 만들어진 이 시험은 'Scholastic Aptitude Test(SAT)'라고 불리는데, 우리말로 '학업 소질 시험' 혹은 '학업 적성 시험'이라고 번역할 수 있다. 여기서 핵심은 'Aptitude'라는 단어로 '소질' 혹은 '적성'을 뜻한다. 쉽게 말해 미국 수능시험은 고등학교 3학년 학생이 대학교 과정을 이수할 수 있는 학문적 소질을 가졌는지 평가하는 시험이다.

소질과 적성은 타고나는 것이다. '소질 있구나!' 혹은 '재능 있구나!'라고 말할 때, 우리는 그런 것들을 노력으로 갖출 수 있다고 생각하지 않는다. 이 단어에는 유전적으로 가지고 태어난다는 의미가 내포되어 있다. 그래서 우리는 아무에게나 '소질 있구나!' 하고 이야기하지 않는다. 이러한 이름처럼 미국 수능 시험은 후천적으로 배우고 익힌 것을 테스트하지 않는다. 그런 것과 상관없는 타고난 학업적 재능과 인지 능력을 테스트한다. 아주 오랜 시간 동안 SAT 시험은 고등학교 교과과정에서 배운 내용과 아무런 관련이 없었다.

더 직설적으로 표현하면 SAT 시험은 IQ 테스트다. 그래서 많은 학자가 SAT 시험을 지금도 IQ 테스트라고 부른다. 한마디로 '지능intelligence' 시험이다. 열심히 공부해 점수를 올릴 수 있는 시험이 아니고, 인간의 학습 재능과 능력을 테스트하는 시험이기 때문이다. 최근 2016년부터 고등학교의 교과과정에 부합하는 문제를 출제하려 노력하고 있지만, 여전히 SAT는 열심히 공부해서 성적을 올릴 수 있는 시험이 아니다.

미국 수능의 취지에 대해 마음이 불편한 사람이 있을 것이다. IQ로 대학 입시가 결정된다는 사실이 충격적으로 느껴질 수 있다. 똑똑하게 태어난 사람은 좋은 대학에 가고, 그렇지 않은 사람은 대학에 못 갈 수 있다는 사실이 불공평해 보이기 때문이다. 공식적으로 이런 정책을 시행한다는 사실이 충격적으로 보일 수 있다.

미국은 왜 타고난 재능으로 입시를 결정하는 것일까? 노력의 힘보다 재능의 힘을 더 신뢰하기 때문이다. 다시 말해 열심히 노력한다고 모두가 공부를 잘할 수 있다고 생각하지 않는다. 누구나 노력으로 공부를 잘할 수 있다면 재능으로 학생을 선발하지 않을 것이다. 만약 그렇게 한다면 그것은 불공평한 일이기 때문이다.

인간에게는 타고난 재능이 있고, 그런 재능은 노력으로 쉽게 바뀌지 않는다는 믿음이 있다. 공부 역시 타고난 재능이 있어야 잘한다고 믿는다. 이 정책의 의미는 단순히 대학 입시에 대한 정책에 한정되지 않는다. 미국 문화가 폭넓게 공유하고 있는 생각 중 하나는, 모든 인간은 특정한 능력과 소질을 갖추고 태어나며 이런 것은 쉽게 변하지 않는다는 것이다.

한국의 수능시험은 무엇을 테스트할까

한국의 수능은 미국의 수능과 그 취지와 목적이 다르다. '대학수학능력시험' 홈페이지에서 '시험의 성격과 목적'을 확인해보면 다음과 같은 문구가 뜬다.

'고등학교 교육과정의 내용과 수준에 맞는 출제로 고등학교

학교 교육의 정상화 기여, 대학 교육에 필요한 수학능력 측정으로 선발의 공정성과 객관성 확보'

미국 수능시험과 비교했을 때 눈에 띄는 두 가지 단어가 있는데 바로 '교육과정'과 '공정성'이다. 교육과정이라는 단어는 그렇다 치더라도, 수능시험의 취지와 목적에 공정성이라는 단어가 나온다는 것은 다른 문화권에서 보면 신기한 일이다. 그만큼 우리나라 사람들은 공정성에 민감하다. 더 신기한 부분은 이 공정성이라는 단어가 '고등학교 교육과정의 내용과 수준에 맞는 출제'와 연계되어 있다는 점이다. 왜 두 단어가 연계되어 있을까?

한국의 수능은 고등학교 범위를 절대 벗어나서는 안 된다. 수능뿐만 아니고 논술과 면접 역시 고등학교 교육과정을 벗어나면 출제 대학교가 법적인 책임을 물어야 한다. 실제로 교육부에서 학생 정원 감축과 같은 법적인 책임을 따져 물은 대학교도 있다. 그래서 대학교는 논술과 면접 문제를 만들 때도 고등학교 교육과정을 꼼꼼히 살피고 교과과정 안에서 문제를 내려고 노력한다. 초등학교도 마찬가지고, 중학교도 마찬가지며, 고등학교도 마찬가지다. 대학 입시는 물론이고, 대학교에서도 시험 문제는 학생들이 배운 범위 내에서만 출제해야 한다. 그렇지 않으면 그것은 공정하지 않은 시험이 된다.

배운 범위 내에서만 문제를 출제해야 시험이 공정하다고 느끼는 이유는 무엇일까? 두 가지 이유가 있다. 첫째는 '타고난' 소질과 능력 혹은 가정환경이나 사회환경에 의해 입학이 결정되어서는 안 된다고 믿기 때문이다. 그런 결정은 불공평한 것이고 정의롭지 못한 일이다. 배우지 않은 곳에서 문제가 나오면 타고난 소질이나 능력 혹은 가정환경에 의해 결과가 달라질 수 있기 때문이다.

교과과정에서 문제가 출제되어도 타고난 소질이 있는 학생들이나 부잣집 학생들이 시험을 더 잘 볼 수 있지 않느냐고 반문할 수 있다. 물론 그렇다. 그런데도 한국 사람들은 교과과정에서 문제가 출제되면 시험이 공정하다고 느낀다. 교과과정에서 문제가 출제되는 한 열심히 노력하면 누구나 시험을 잘 볼 수 있다고 믿기 때문이다. 이것이 두 번째 이유다.

이런 출제 방식 아래에서는 누구도 핑계를 댈 수 없고 불만을 제기할 수 없다. 열심히 공부하면 누구나 다 시험을 잘 볼 수 있기 때문이다. 공정한 시험이기 때문에 시험 결과에 대한 모든 책임은 개인이 져야 한다.

노력에 대한 믿음과 신뢰는 우리의 머릿속에만 머물러 있지 않다. 노력하면 무슨 일이든 다 잘할 수 있다는 믿음은 추상적인 이론이나 관념이 아니다. 이 믿음은 우리의 삶을 통치하고 다스린다. 노력 신봉 공화국에서의 시험은 타고난 인지적 능력이나 재능을 테스트해서는 안 된다. 그것은 불공평한 일이기 때문이다. 타고난 능력이 우리의 성공과 실패를 지배해서도 안 된다. 노력하면 누구나 무슨 일이든 잘할 수 있기 때문이다. 그래서 노력 신봉 공화국에서는 노력의 양으로 성공과 실패를 결정하는 것이 가장 공정하고 정의로운 방법이다.

너무 열심히 사는
노력 신봉 공화국 사람들

열심히 노력하면 무슨 일이든 잘할 수 있다고 믿기 때문에 우리나라 사람들은 모든 영역에서 최선을 다해 노력한다. 실패해도 아랑곳하지 않고 노력에 노력을 더한다. 실패한 일은 더 열심히 해야 하고, 더 중요한 일이 된다. 더 잘할 수 있다는 믿음이 있기 때문이다. 노력이라는 유일신이 있기 때문이다. 노력의 힘을 믿으면 된다.

우리 아들은 초등학교 3학년 때 새벽 1시까지 공부했다. 2시까지 한 적도 많다. 두 살 더 많은 딸도 12시 이전에 자는 법이 없었다. 공부도 열심히 했지만, 학원 숙제가 많아서 그랬던 것 같다. 그만 자라고 다그친 적이 한두 번이 아니다. 친하게 지내던 미국인 교수에게 이 이야기를 했더니 나를 아동학대로 경찰에 고발하겠다고 했다. 웃으면서 농담처럼 이야기했지만, 마음이 편치 않았다. 미국 문화에서는 분명히 아동학대였다. 초등학생을 재우지 않고 새벽 2시까지 공부하게 놔둔다는 것이 이해할 수 없는 일이기 때문이다.

이것이 우리 아들 이야기만은 아닐 것이다. 우리나라 학생들은 초등학교 입학 전부터 상상할 수 없을 정도로 열심히 공부한다. 선행은 공부의 기본이고, 초등학교 입학 전부터 영어 교육에 목숨을 건다. 눈뜬 아침부터 하루를 공부로 시작해서 공부로 끝낸다. 과장이 아니고 온전한 현실이다.

보는 것만으로도 마음이 아프고 안타깝다. 공부라도 잘하면 마음이 조금 덜 아플지 모르겠지만, 공부한 만큼 성적이 나오지 않는 아이라면 부모의 마음은 찢어질 것이다. 성적이 잘 나오지 않아도 그만 노력하라고 말할 수도 없다. 아니, 더 열심히 노력하라고 말해주어야 한다. 더 열심히 하면 잘할 수 있다고 믿기 때문이다. 실패할수록 더 열심히 해야 한다. 실패의 원인은 노력 부족이라고 믿기 때문이다. 다른 이유는 있어서도 안 되고, 있을 수도 없다.

학생들만 유난히 공부에 목숨을 건다면 이해할 만하다. 정도의 차이는 있겠지만 어느 나라나 교육열은 대단하고, 학생들 역시 나름 다 열심히 공부하기 때문이다. 열심히 공부해서 좋은 대학을 가야만 먹고사는 문제를 해결할 수 있다. 하지만 우리나라의 경우 이런 경향이 공부에만 국한되지 않는다. 우리나라 사람들은 모든 일에 열심히 노력한다.

얼마나 열심히 사는지 노는 것도 열심히 하라는 말이 있을 정도다. 대학생들도 정말 열심히 산다. MT, 연애, 미팅, 동아리 활동 등은 포기한 지 오래다. 대학 4년 동안만 열심히 취업 준비를 하는 것이 아니다. 대학 졸업 후에도 몇 년 동안 스펙과 경험을 쌓으며 열심히 취업을 준비한다.

취업에 성공하면 남은 인생에서 '열심히'라는 단어가 사라질까? 전혀 그렇지 않다. 아침 일찍 출근해서 밤늦게 퇴근하는 경우가 허다하며, 야근은 정규 근로 시간처럼 여겨진다. 일찍 퇴근하는 날도 바로 집으로 향하지 않는다. 승진을 위해 외국어 시험을 준비하고, 야간 대학원에 다니는 등 실력을 쌓으며 미래를 준비한다. 거기다 은퇴 후의 삶도 준비해야 한다. 죽는 날까지 '열심히'라는 단어를 등에 지고 살아간다.

장사하는 사람은 조금 다를까? 아니다. 그들도 정말 열심히 장사한다. 외국 사람들은 도무지 이해하지 못할 정도다. 장사를 하면 아침 9시에 문을 열고 오후 5시에 문을 닫을까? 토요일과 일요일은 쉴까? 절대 그렇지 않다. 아마 그렇게 장사하면 미쳤다고 할 것이고, 제정신이 아니라고 손가락질 할 것이다. 그런 정신 상태로 장사하면서 성공을 기대한다면 정상인이 아니라고 비난할 것이다.

내가 자주 이용하는 동네 백반집은 아침 5시 30분에 문을 열어 저녁 9시까지 영업한다. 아침 5시 30분부터 손님을 맞으려면 도대체 몇 시에 출근해 식사 준비를 한다는 말인가. 늦어도 4시 30분 전에는 출근할 테고, 저녁 9시까지 영업하니 식당 문을 닫고 정리하면 10시는 넘어야 퇴근할 가능성이 크다. 집에서는 잠깐 잠만 자는 것이다. 집안일이고, 운동이고, 여행이고 그런 것들을 생각할 여력이 없다. 사치고 꿈일 뿐이다. 일만 죽어라 하는 것이다. 게다가 우리나라에는 아무 때나 식사할 수 있는 '24시간 영업 식당'이 거리에 즐비하다. 식당들은 토요일과 일요일, 심지어 공휴일에도 대부분 영업한다.

커피숍, 치킨집, 피자집, 설렁탕집, 순댓국집, 일식집, 중국집…. 열심히 하지 않는 식당이 어디 있겠는가. 음식점만 그런가. 웬만한 자영업은 다 그렇게 일한다. 대기업 역시 그렇다. 요즘에 조금 좋아졌다고는 하지만 9시부터 5시까지 근무는 남의 나라 이야기다. 대기업도 10시까지 일했고, 은행도 아주 늦게까지 일했다.

그런데 유럽이나 미국 지역 같은 외국에서는 저녁 늦게 식사할 만한 식당을 찾기가 어렵다. 다 일찍 문을 닫아버리기 때문이다. 주말에는 더욱더 식당 찾기가 어렵다. 맥도널드나 버거킹 같은 패스트푸드점이 아니고서는 늦은 저녁이나 주말에 식사할 식당이 거의 없다. 또한 휴일에는 대부분의 식당이 문을 닫는다. 휴일이면 개미 한 마리 보이지 않을 정도로 거리가 한산하고 음산하다. 크리스마스, 신년, 추수감사절 등과 같은 큰 휴일에는 간간이 휴일에 열었던 식당들조차도 모두 문을 닫는다. 대부분의 사람이 하루 8시간 일하고, 주 5일 일한다.

한 조사에 의하면 37개의 경제협력개발기구(OECD) 국가 중 우리나라가 가장 일을 많이 하는 나라 중 하나라고 한다. 2017년 기준, 한국의 연간 근로 시간은 2,024시간으로 멕시코의 2,257시간에 이어 전체 2위다. 아주 오랜 시간 동안 우리는 2위를 놓친 적이 없다. 독일은 1,356시간, 프랑스는 1,526시간, 영국은 1,543시간, 스페인은 1,687시간, 캐나다는 1,695시간이다. 엄청난 차이다. 독일은 하루에 평균 5시간 일한다. 과연 이게 가능한 일인지 모르겠다.

그렇다고 해서 독일이 가난한가? 프랑스가 가난한가? 영국이 가난한가? 스페인이 가난한가? 핵심은 우리나라 사람들이 정말 열심히 일한다는 것이다.

미국에서도 밤에 문을 여는 식당이 있기는 하다. 늦은 저녁 10시까지 열기도 하고, 토요일도 열고 일요일도 열며 공휴일에도 문을 여는 식당이 있다. 눈치챘는지 모르겠지만 한국 사람이 경영하는 식당이다. 내 경험으로 보면 365일 가운데 363일 정도 문을 여는 것 같다. 이틀 정도는 쉬는데, 추수감사절과 크리스마스 혹은 신년 1월 1일 정도다. 놀라지 마라. 하루도 안 쉬는 식당도 있다. 중국 식당이다. 대단하다 못해 입이 떡 벌어진다. 미국에서는 아주 신기한 일이다.

벼랑 끝까지
자신을 내모는 사람들

노력을 신봉하는 사람을 보면 마음이 아프다. 어떻게 이보다 더 열심히 살란 말인가. 노력 신봉 공화국에서는 열심히 노력하지 않는 사람을 찾기 어렵다. 열심히 하는 수준을 넘어 온 마음과 몸을 바쳐 새벽부터 밤까지 고전분투한다. 세상에서 가장 열심히 사는 나라가 대한민국이다.

이놈의 '노력 성공 신화' 때문에 더는 열심히 살 수 없는 사람들조차도 자기 자신을 벼랑 끝까지 내몰며 인간의 한계에

도전한다. 어린아이부터 퇴직한 사람들까지, 남녀노소를 가리지도 않는다. 전염병처럼 점점 심해지고 잦아들 기미가 보이지 않는다. 요즘 젊은이들은 일과 삶의 균형을 강조하는 '워라밸Work-Life Balance'을 중요하게 여기기는 하지만, 대부분의 사람은 사치라고 생각한다. 정신 못 차린 젊은이들의 허망한 생각이라고 믿는다.

이유는 간단하다. 노력하면 어떤 일이든 잘할 수 있다고 믿기 때문이다. 열심히 하면 공부도 잘할 수 있고, 좋은 대학에 입학할 수 있다고 믿는다. 그래서 노력을 최고의 가치로 여긴다. 모든 시험은 노력을 테스트하는 것이어야 한다. 재능이나 인지능력을 테스트하는 시험이어서는 안 된다. 그것은 불공평한 일이기 때문이다. 타고난 재능이 버젓이 인정되어서도 안 된다. 가능하면 입 밖으로 발설해서도 안 되는 단어가 '재능'이고 '능력'이다. 실패한 일에도 포기하지 않고 더 열심히 매달린다. 실패한 일이 성공한 일보다 훨씬 더 중요하다. 노력하면 그 일도 충분히 잘할 수 있기 때문이다. 우리는 이렇게 노력 신봉 공화국이라는 나라에 살고 있다. 노력이라는 유일신을 믿으면서 말이다.

그러면 이런 믿음은 좋은 것일까, 아니면 나쁜 것일까? 이 질문에 대해서는 뒤에 본격적으로 논의하겠지만, 더 중요한 것은 이 믿음이 사실인지 혹은 거짓인지에 있다. 만약 노력으로 쉽게 바뀌는 것이 사실이 아니라면 열심히 노력하는 사람들은 큰 위험에 빠질 수 있다. 특별히 타고난 재능과 소질이 없다면 더욱더 그렇다. 반대로 노력으로 쉽게 바뀌는 것이 사실이라면 우리의 노력 신봉은 의미가 있다.

사람이 노력으로
변할 수 있을까

_ 우리는 타인이나 자신을 있는 그대로 인정해주는 것에 참으로 인색하다. 계속 평가하고 저울질한다. 노력을 통해 좀 더 멋진 사람으로 바뀌어야 하고, 그럴 수 있다고 믿기 때문이다. 그러나 사람은 쉽게 바뀌지 않는다. 더 솔직하게 이야기하면, 거의 불가능한 수준이다. 성격적 특질, 재능, 소질은 타고나는 부분이 많아서 노력으로 쉽게 바뀌지 않는다.

훈계와 잔소리의 나라

    노력 신봉 공화국에서는 유난히 훈계와 명언이 많다. 내용의 핵심은 사람이 어떻게 바뀌어야 하는지에 있다. 자기계발서가 인기를 끄는 이유도 이런 생각과 관련이 깊다. 이렇게 해라, 저렇게 해라, 이걸 고쳐라, 저걸 고쳐라, 아침에 일찍 일어나라, 계획을 세워라, 목표를 정해라, 열정을 가져라, 뼈를 깎는 노력을 해라, 남들이 하지 않는 생각과 행동을 해라, 성공한 사람들은 뭐가 달라도 다르다, 성공한 사람들이 어떻게 성공했는지 주의 깊게 살피고 배워라…. 주로 이런 이야기들이다. 일상적인 대화에서도 조언과 훈계가 빠지면 할 말이 없을 정도다.

기승전결 모든 이야기는 훈계로 시작해서 훈계로 끝난다. 노력으로 사람이 바뀔 수 있다고 믿기 때문이다.

어머니, 아버지, 아내, 남편, 상사, 친구 누구의 이야기이든 마찬가지다. 잔소리의 핵심은 변화를 요구하는 것이다. 변할 수 있다고 믿으니 이런 말들이 넘쳐난다. 부부싸움도 마찬가지다. 얼핏 보면 비난처럼 보이지만, 부부싸움의 궁극적인 목표는 배우자의 변화를 요구하는 것이다.

그냥 있는 모습 그대로 놔두는 것은 상당히 어색하고 불안하다. 있는 그대로 받아주면 포기한 거냐며 오히려 더 화를 낼지도 모른다. '나를 아예 안되는 사람으로 취급하는 거냐?', '나는 시도조차 할 가치가 없는 사람이냐?', '나 무시하는 거냐?'라며 더 기분 나빠할 수도 있다. 있는 모습 그대로, 태어난 그 모습 그대로 사는 것은 죄악이고 게으름이다. 남들이 아무 말 하지 않는다 하더라도, 스스로 매섭게 채찍질하며 달려야 한다. 결코 머뭇거리거나 주저하면 안 된다. 죽는 순간까지도 한 그루의 사과나무를 심는 마음으로 최선을 다해 달려야 한다.

이런 우리의 태도와 행동은 '사람은 바뀔 수 있다!'라는 믿음을 바탕으로 한다. 2017년쯤에 '비교문화심리학'이라는 대학원 수업을 하며 나는 학생들에게 "사람이 바뀔 수 있다고 생각하는 학생 있나요?" 하고 물어봤다. 열두 명의 학생이 수업을 듣고 있었는데, 그중 열 명이 사람은 바뀔 수 있다고 대답했다. 나머지 두 명 중 한 명은 사람은 바뀔 수 없다고 대답했고, 다른 한 명은 분야에 따라 바뀔 수도 있고 바뀌지 않을 수도 있다고 대답했다. 우리나라 사람들은 사람이 바뀔 수 있다는 강한 믿음을 가지고 있는 듯하다.

'사람은 바뀔 수 있을까'에 대한 서양의 믿음

그런데 신기하게도 이런 믿음을 모든 문화권에서 공유하고 있는 것은 아니다. 서양 사람들은 '사람이 변하는 것'이 어렵다고 생각한다. 사람은 태어날 때부터 특정한 기질과 품성, 성격을 가지고 있기 때문에 변하는 것이 어려운 일이라고 믿는다. 그래서일까? 서양 사람들은 사람이 변할 수도 없지만, 변할 필요도 없다고 생각한다. 내가 너처럼 살 필요도 없지만, 네가 나처럼 살 필요도 없다고 생각한다. 더 나아가 다른 사람과 비슷하다는 것 자체가 부끄러운 일이라고 생각한다. 너와 내가 다를 때 나의 의미가 있다고 생각하기 때문이다.

그러니 변화를 위해 노력하는 것 자체가 서양 사람들에게는 이미 마음 상하는 일이다. 나 자신을 부정하는 일이기 때문이다. 변할 수도 없지만 변화를 꾀한다는 것 자체가 나를 버리고 좀 더 멋지고 이상적인 사람을 본받고 싶어 한다는 것이라고 생각한다. 그들은 자신이 할 수 있는 것은 타인을 있는 모습 그대로 인정해주는 것뿐이라고 믿는다. '인정해준다'라는 말조차 서양 사람들에게는 불편하다. 인정한다는 말에는 이미 평가와 어설픈 아량이 숨어 있기 때문이다.

'세상은 변할 수 있을까'에 대한 동서양의 믿음

그러면 세상의 변화에 대해서는 어떻게 생각할까? 신기하게도 동양 사람들은 세상의 변화 가능성에 대해서는 상당히 부정적이다. 스티브 수Steven Su 교수의 연구에 의하면 동양 사람들은 세상은 절대 변하지 않을 것이라고 믿는다. 세상은 과거에도 그랬고 지금도 그러하며 앞으로도 그럴 것이라고 믿는다. 그렇게 믿고 사는 것이 지혜롭고 현명한 처사라고 생각한다.

세상을 바꾸는 것은 '계란으로 바위 치기'와 같다고 생각한다. 세상을 바꾸려고 어쭙잖게 나대지 말고 너나 똑바로 하라고 주문한다. '수신제가 치국평천하修身齊家 治國平天下'라고 했던가. 쓸데없이 높은 곳에 마음을 두지 말고, 너 자신부터 살피라고 요구한다. 세상을 향해 욕하지 말고 네가 할 수 있는 것부터 하라고 명령한다. 세상은 변할 수 없기 때문이다.

'세상을 바꾸려 하지 말라. 너 자신을 바꿀 때 세상이 바뀔 것이다', '너 자신을 바꿀 때 너의 인생과 세상이 달라질 것이다'라는 말들이 명언처럼 유행한다. 이런 문구들이 멋지게 보인다면 당신은 아마도 뼛속까지 노력 신봉 공화국의 후예임이 분명하다. 노력을 통해 사람은 바뀔 수 있지만, 세상은 변하지 않는다고 믿기 때문에 이런 말들이 상당히 설득력 있게 들리는 것이다.

변하지 않는 세상과 사회에 대해서는 대항하지 말고 순응하라고 교육한다. 대신 변할 수 있는 자신을 바꾸라고 주문한다. 그래서 모든 실패와 낙오는 노력하지 않은 개인이 책임져야 한다. 바꿀 수 있는 것은 개인이지, 세상이 아니기 때문이다. 용기없는 실패자들이나 세상을 욕하고 핑계 삼는 것이지, 제대로 된 인간이라면 자신을 되돌아보고 노력함으로써 성장해야 한다고 가르친다. 노력 신봉 공화국에서는 이보다 더 멋진 말이 없다.

그러면 서양 사람들은 세상의 변화에 대해 어떻게 생각할까? 사람처럼 세상도 변할 수 없다고 믿을까? 그렇지 않다. 오히려 세상은 변할 수 있다고 믿는다. 그러기에 세상은 변해야 한다고 생각한다. 세상은 사람처럼 무작위로 태어나는 것이 아니고, 사람들에 의해 인위적으로 창조된 것이기 때문이다. 지금도 세상은 사람들에 의해 변하고 있고, 앞으로도 더 긍정적인 방향으로 변할 수 있다고 생각한다. 그래서 더욱더 힘을 합쳐 세상을 바꿔나가야 한다고 생각한다.

나와 세상,
도대체 누가 변해야 하나

　　동양 사람들은 본인이 변할 수 있으니 세상의 변화에는 큰 관심이 없다. 진작 변화해야 할 대상은 세상이 아니고 개인 자신이다. 최근 몇 년 사이 우리나라에서는 '촛불 집회'와 같은 사회 운동으로 이런 믿음이 조금 흔들린 것처럼 보이지만, 조금만 더 깊이 들어가보면 여전히 개인의 노력을 통한 변화에 대한 열망이 강렬하다. 아니, 강렬하다 못해 결코 허물어지지 않을 벽처럼 느껴진다.

　　하지만 서양 사람들은 본인은 변할 수 없으니 세상이 변해야 한다고 생각한다. 동양 사람들은 본인이 세상에 맞춰야 한다고 생각하지만, 서양 사람들은 세상이 본인에게 맞춰야 한다고 생각하는 것이다. 이보다 더 충격적인 문화 차이가 어디 있겠는가.

출근 시간마다 교통 체증이 심각한 구간이 있다고 하자. 교통 흐름만 원활하면 30분 만에 출근할 수 있는데 그곳의 정체 때문에 50분이 걸린다고 하자. 동양 사람들과 서양 사람들은 이 상황을 어떻게 대처할까? 우리나라 사람도 마찬가지겠지만, 동양 사람들의 대처는 의외로 간단하다. 50분 정도 걸리는 것을 기정사실로 하고 50분 전에 집에서 출발한다. 이런 대처를 현명한 자세라고 생각한다. 그런데 이런 대처에는 문제 해결에 대한 동양인의 한 가지 믿음이 숨어 있다. 그것은 바로 대부분의 문제를 개인이 감당해야 할 책임으로 받아들인다는 점이다. 개인의 노력으로 대부분의 어려움을 극복할 수 있다고 믿기 때문이다. 아무리 어려운 일이어도 상관없다.

교통 체증이 1시간 이상 지속되어도 달라지는 것은 없다. 불만을 가질 수는 있지만 최종 책임자는 엄연히 개인이다. 개인의 노력으로 모든 어려움을 극복할 수 있기 때문이다. 그러니 교통 체증으로 늦게 출근한 직원은 처벌받아야 한다. 혹시 누가 교통 체증으로 인한 지각을 사회적 혹은 환경적 책임으로 돌리면 비웃을 것이다. 게으른 한 개인의 어설픈 변명으로 취급하면서 말이다.

그러면 서양 사람들은 이 상황에 어떻게 대처할까? 물론 단기적으로는 동양인들처럼 일찍 출발해 지각하는 상황을 막을 것이다. 하지만 그것에 만족하지 않고 후속 대책을 세울 것이다. 아마도 교통이 막히는 구간의 구조와 이유 등을 파악한 뒤 문제를 해결하려 할 것이다. 그들 처지에서 이 상황은 개인의 책임이 아니고, 사회 구조와 환경의 책임이라고 믿기 때문이다. 세상과 사회를 바꿔야지, 개인이 책임질 일도 혹은 개인이 바뀔 일도 아니다. 핵심적인 문화 차이의 원인은 누가 바뀔 수 있는지 혹은 누가 바뀌어야 하는지에 있다.

상습적인 교통 체증을 예로 들었지만, 예기치 못한 상황으로 교통 체증이 발생해도 달라지는 것은 없다. 어떤 이유로 출근이 늦었든 동양에서는 개인에게 모든 책임이 있다. 예상치 못한 상황이 언제든지 생길 수 있으므로, 책임감 있는 사람이라면 조금 더 일찍 집에서 출발해야 한다고 생각한다. 평상시에 걸리는 시간을 염두에 두고 출근한다면 그것은 현명하지 못한 대처라고 여긴다. 모든 책임은 개인에게 있고, 모든 어려움과 문제는 개인의 노력으로 극복할 수 있다고 믿기 때문이다. 노력 신봉 공화국에서 가질 수 있는 믿음이다.

나는 못 바꾸니 세상이 변해야 한다는 서양 사람들의 믿음이 동양 사람들에게는 참으로 의아스럽기까지 하다. 사회 변화에 대해 진보적인 태도를 보이는 것 같지만, 실상은 노력하기 싫은 사람들의 핑계처럼 보이기 때문이다. 거꾸로, 세상이 변하지 않으니 내가 변해야 한다는 동양 사람들의 믿음이 서양 사람들에게 의아스럽기는 매한가지다. 개인의 책임에 대해 적극적인 태도를 보이는 것 같지만, 실상은 사회적 변화에 대한 나약하고 비겁한 태도처럼 보이기 때문이다.

결론적으로 노력 신봉 공화국에서는 변화의 주체가 세상이 아니고 개인이다. 세상과 달리 사람은 노력으로 변할 수 있기 때문이다. 이런 우리의 생각과 믿음은 우리의 머릿속에만 머무르지 않고, 우리의 삶과 사회를 적극적으로 통제하고 통치한다. 사건의 원인과 결과를 파악하고 대처하는 자세가 다르기 때문이다. 그래서일까? 노력 신봉 공화국에서는 '개인의 문제냐, 아니면 사회의 문제냐?'의 역사적 논쟁이 무색하다. 어차피 개인의 문제로 귀결되기 때문이다.

범죄자는
어떻게 태어나는가

2007년 4월 21일, SBS TV 탐사 보도 프로그램 〈그것이 알고 싶다〉는 다음의 자막을 시작으로 '버지니아 공대 총기 난사 사건'을 다뤘다.

'너희가 나를 그냥 내버려두었다면 이런 일은 생기지도 않았지! 내가 이런 짓을 할 때까지 너희들이 나한테 한 짓을 생각해봐. 내 삶을 이렇게 파괴하니까 행복한가? 내 모든 걸 빼앗아 가서? 기회가 있을 때 끝내고 싶지 않은가? 너희들은 나를 죽이고 싶지 않나? 너희들이 나한테 해준 만큼 총알로 되갚아주마.'

버지니아 공대 영문학과에 재학 중이던 23세 한국 국적의 미국 영주권자 조승희는 2007년 4월 16일 아침 7시부터 9시까지 기숙사와 학교 강의실 네 곳을 돌아다니며 권총 두 자루로 학생들과 교수들을 사살했다. 이 사건으로 32명의 학생이 사망하고 29명이 다쳤다. 미국 역사상 가장 많은 사상자를 낸 총기 사건 중 하나다. 범행 도중 조승희는 자신의 범행동기를 알리기 위해 미리 제작한 동영상을 미국 방송사 NBC에 보냈다. 앞의 자막은 동영상에 나오는 조승희의 '선언문' 중 일부를 발췌한 것이다.

조승희는 끝내 자신의 머리에 총을 쏴 자살했다. 미국 언론뿐만 아니라 전 세계의 언론이 조승희 사건을 대서특필했다. 한국 언론도 이 사건으로 떠들썩했다. 피해자와 가족에 대한 안타까움과 위로가 많았지만, 언론과 사람들의 관심은 당연히 '조승희는 왜 무죄한 학생과 교수를 죽였나?'에 있었다. 〈그것이 알고 싶다〉 역시 '조승희는 왜 총을 쏘았나?', '조승희, 그는 왜 방아쇠를 당겼나?' 등과 같은 질문을 전면에 내세우며 시청자들의 관심을 집중시켰다. 수많은 전문가들이 TV와 언론매체를 통해 조승희를 분석했다.

미국 매체들 역시 조승희를 분석하며 범죄의 원인으로 다음 네 가지를 제시했다.

첫째는 조승희의 정신병 이력이다. 미국 매체들은 조승희가 중학교 때부터 대학교 시절까지 우울증약을 복용했다는 사실에 주목했다. '버지니아 공대 총기 난사 사건' 발생 전에 두 명의 여학생을 스토킹한 혐의로 기소되었을 때도 주 정부로부터 정신질환자로 분류된 적이 있었다.

둘째는 어린 시절부터 학교와 친구들 사이에서 집단따돌림을 반복적으로 당했던 사실에 주목했다. 실제로 조승희는 과묵한 성격과 영어의 어려움으로 미국으로 이주한 아홉 살 때부터 '왕따'와 학교폭력으로 힘든 시간을 보냈다. 중학교에 입학하면서 집단따돌림은 인종차별로까지 확장되어 조승희를 더욱 힘들게 했다.

셋째는 미국의 무분별한 총기 접근성과 총기 관련 법을 원인으로 주목했다. 미국 대부분의 주에서는 18세 이상이면 합법적으로 총기와 실탄을 쉽게 구매할 수 있다. 실제로 조승희는 권총 두 개와 탄약 500발을 인터넷으로 구매했다. 물론 모두 합법적인 절차였다.

넷째는 폭력적 비디오 게임을 원인으로 지목했다. 조승희의 총기 난사 모습이 특정 폭력 비디오 게임의 캐릭터와 흡사하다는 사실이 보도되면서 폭력적인 비디오 게임에 빠져 범죄를 저질렀다는 주장이 대두되었다.

조승희를 바라보는
미국인의 태도

정신병, 왕따, 쉬운 총기 구매 현실, 폭력적인 비디오 게임. 이 네 가지가 미국 전문가들이 분석한 범죄의 이유였다. 이유가 이렇다면 그다음 우리가 자연스럽게 생각해볼 수 있는 질문은 '그럼, 조승희 총기 난사 사건은 누가 책임져야 하는가?'이다. '책임지긴 누가 책임을 져? 조승희 책임 아냐?'라며 어이없어 할 수도 있다. 그런데 이 질문에 대한 서양 사람과 동양 사람의 답은 확연하게 다르다. 이 질문의 답은 사람과 세상이 변할 수 있는가에 대한 믿음과 깊은 관련이 있기 때문이다.

미국 사람들은 조승희 총격 사건을 대하며 조승희 개인보다는 사회적 책임에 훨씬 더 깊은 관심을 가졌다. 더 정확하게 이야기하면 사건이 일어난 사회적 환경과 구조에 그 책임을 물었다. 위의 네 가지 이유만 보더라도 이 중 어느 것 하나 조승희에게 직접 책임을 묻고 있지 않다.

정신병에 대한 책임을 조승희에게 돌리기 어렵고, 집단따돌림과 인종차별 역시 조승희가 책임질 일이라고 보기 어렵다. 그렇다고 총기 관련 법안들에 대해서도 조승희가 책임질 부분은 없어 보인다. 폭력적인 비디오 게임에 빠진 조승희에게 책임을 물을 수는 있겠지만, 이것 역시 논란의 여지는 있다. 그런 폭력적인 비디오 게임이 대중에게 허락되어야 하는지에 대한 논란이 있기 때문이다.

그래서일까? 조승희 총격 사건을 두고 토론의 내용은 정신건강 치료 시스템과 운영 방식, 학교 보안 시스템과 운영 체계, 총기 관련 법과 규칙, 총기 운영 체계, 인종차별에 관한 규정과 인식 개선, 왕따에 대한 학생들의 인식과 교사들의 대처 방식, 대학 행정의 운영과 체계, 폭력적인 비디오 게임의 제한과 허용 등에 집중되었다. 조승희가 사건을 일으킨 것은 분명하지만, 근본적인 원인은 그런 사건을 발생시킨 사회 구조와 환경으로 이해하는 것이다.

한 예로, 보도된 뉴스에 의하면 조승희가 대학교 수업 시간에 과제로 냈던 글을 읽고 담당 교수가 문제의식을 느껴 학교 본부에 보고해 조승희로부터 그 수업을 철회하게 했다고 한다. 얼마나 무섭고 이상한 글이었으면 담당 교수가 학교 본부에 그런 요청을 했겠는가. 그런데 문제는 이 요청으로 조승희는 수업에서 쫓겨났지만, 이후 학교 본부는 조승희에 대한 별다른 대책을 세우지 않았다고 한다. 학교의 대처에 문제가 있었다고 보는 시각이다. 좀 더 체계적인 방법으로 학사 지도를 했다면 그런 참사를 막을 수 있지 않았을까 하는 생각이다.

같은 맥락에서 정신병 치료의 관리와 운영에는 문제가 없었는지, 친구들에게 오랜 시간 동안 왕따와 인종차별을 당할 때 학교는 무엇을 했는지, 좀 더 체계적이고 효율적인 방법으로 조승희를 관리할 수는 없었는지에 대한 비판이 쇄도했다. 대학교에서 아무런 저지 없이 버젓하게 총기 난사가 발생할 수 있었다는 사실도 엄청난 비판을 받았다. 전부 사회환경과 구조에 집중한 비판과 논의였다.

신기하게도 조승희라는 개인에 대해서는 큰 관심이 없었다. 조승희를 비난하는 글이나 뉴스는 눈을 씻고 찾아봐도 없었다. 당연히 신상 털기도 없었다. 짐승만도 못한 놈! 저것도 사람이냐! 사람의 탈을 쓰고 어찌 저런 짓을 할 수 있을까? 이런 말이 있을 법도 한데 말이다. 개인에게는 책임을 묻고 싶은 마음이 별로 없어 보였다.

조승희를 바라보는
동양인의 태도

하지만 이 사건을 바라보는 한국인을 포함한 동양인의 태도는 사뭇 달랐다. 동양인에게 조승희는 밑도 끝도 없이 그냥 나쁜 놈이었다. 미국인들이 분석한 네 가지 이유는 한국인을 포함한 동양인에게는 큰 의미가 없었다. 네 가지 이유는 핑계를 위한 핑계로 여겨졌다.

'정신병을 앓고 있으면 그렇게 총으로 죄가 없는 사람을 죽여도 되냐?', '왕따당하고 인종차별당했다고 해서 모두가 무고한 사람을 총으로 쏴 죽이지는 않는다', '미국에서 웬만한 사람은 다 총기를 소유하고 있는데, 그 사람들이 모두 다 선량한 사람들을 쏴 죽이냐?', '폭력적 비디오 게임을 즐기는 사람이 많은데, 그 사람들이 모두 선량한 사람을 다 쏴 죽이냐? 나도 폭력적인 비디오 게임 좋아하는데?'라는 식의 비판이 쏟아졌다. 나름 논리적이고 설득력 있는 비판이다. 위의 네 가지 이유가 있다고 해서 무고한 시민을 총으로 쏴 죽이는 경우는 극히 드물기 때문이다.

집단따돌림을 당한 것도 따지고 보면 조승희 책임이다. 눈치 있게 사회성 있는 모습을 보였다면 집단따돌림을 받을 이유가 전혀 없었다는 것이다. 인종차별도 같은 맥락에서 충분히 이해할 수 있다. 미국 문화에 잘 적응하면 큰 문제 없이 잘 지낼 수 있었으며, 실제로 미국 문화에 잘 적응해 성공한 이민자들도 수없이 많기 때문이다. 총기 사용과 비디오 게임은 개인의 관리 능력에 포함되는 범주이므로 논의할 가치조차 없다. 하물며 정신병까지도 조승희 개인의 책임이다. 신체적 건강뿐만 아니라 정신적 건강까지도 개인이 잘 관리해야 하기 때문이다. 정신병 운운하며 책임을 전가해서는 안 된다. 그것은 핑계를 위한 핑계일 뿐이며 책임 회피용밖에 되지 않는다.

핵심은 조승희에게 완전한 책임이 있다는 것이다. 어떤 이유로도 범죄자를 미화해서는 안 된다. '죄는 미워해도 사람은 미워하지 말라'는 이야기는 현실성이 부족한 말이다. '죄'와 '사람'을 구분할 수 없다. 죄를 지은 개인이 책임을 져야 하기 때문이다.

이런 동양인의 반문에는 두 가지 중요한 믿음이 깔려 있다. 첫 번째 믿음은 '모든 문제의 근본은 사람에게 있다'라는 것이다. 두 번째 믿음은 '웬만한 문제는 노력으로 극복할 수 있다'라는 것이다. 사람은 노력으로 변할 수 있으니, 이 사건의 책임은 당연히 조승희가 져야 한다. 환경 탓을 할 수도 있고, 학사 지도 문제 혹은 정신병 관련한 규정이나 운영 등에 대해 논할 수도 있지만 근본적인 문제는 조승희에게 있다는 것이다.

조승희 사건이 터지고 난 뒤 미국에 거주하는 한국인들은 초긴장 상태에 돌입했다. 대부분의 사람이 가능하면 집 밖으로 나오려 하지 않았다. 미국인들에게 보복당할까 봐 두려웠기 때문이다. 신변에 불안감을 느낀 한국인들은 장사도 접고 모두 칩

거에 들어갔다. 사람이 문제라는 믿음을 가졌기 때문이다. 한국계인 조승희의 문제이니 한국 사람에게도 불똥이 튈 수 있다는 생각이었다.

하지만 미국 사람들은 이 사건과 한국인을 전혀 연관시키지 않았다. 개인의 문제가 아니라 사회적 구조의 문제로 봤기 때문이다. 조금 더 진보적인 사람들은 조승희도 어떤 면에서는 피해자라고 생각했다. 씻을 수 없는 죄를 저질렀지만, 어찌 보면 조승희도 불쌍한 사람일 수 있다는 것이었다. 정신병과 관련해 좀더 체계적으로 치료를 받았다면, 친구들에게 오랜 시간 동안 집단따돌림과 인종차별을 당하지 않고 필요할 때 주위의 도움을 받았다면 상황은 달라졌을 수 있다고 믿는 것이다.

하지만 이런 태도는 한국 사회에서 몰매 맞기 일쑤다. 가해자를 동정하거나 사건을 미화시키는 것은 절대 있어서는 안 되는 일이다. '당신 자식이 죽었다고 생각해봐라! 그래도 그런 말을 할 수 있는지!'라며 강하게 밀어붙인다.

우리 사회는 사건·사고의 책임을 사회 구조나 환경보다 개인에게 훨씬 더 많이 묻는다. 언론도 그렇다. 사건 당사자가 얼마나 나쁜 사람인지에 더 큰 관심을 기울인다. 왜일까? 모든 문제는 사람에게 있다고 믿기 때문이다. 그래서일까? 이런 사건이 터지면 우리 사회는 신상 털기부터 한다. 초등학교 때부터의 이력들, 부모와 형제에 대한 수많은 이야기가 공개되어버린다. 이런 과정을 통해 일반 시민들에게 알려주고 싶은 내용은 딱 하나다. 이 사람이 얼마나 나쁜 사람이었는지를 알게 해주는 것이다. 노력 신봉 공화국에서는 이런 태도가 시민들의 심리적 안정에 도움이 된다. 나쁜 사람을 강하게 처벌해야만 다른 사람들이 더 열심히 노력할 것이라고 믿기 때문이다.

사람은 변할 수 있다는
기대가 갈등을 만든다

세상에는 힘든 일이 많다. 어느 것 하나 쉬운 일이 없다. 그래도 많은 사람이 공감하는 제일 어려운 일 두 가지를 꼽으라면 하나는 결혼 생활이고, 다른 하나는 자녀 교육이라고 생각한다. 결혼 생활에 관해 이야기해보자.

내가 아는 한 모든 사람은 결혼을 할 때는 행복한 결혼 생활을 꿈꾼다. 만약 그렇지 않은 사람이 있다면 아마 그 사람은 정신병원에 가야 할 것이다. 좋은 사람을 만나 행복하게 가정을 꾸리는 것은 동서고금을 막론하고 많은 사람의 인생 목표다. 그래서 사람들은 배우자를 선택할 때 신중에 신중을 기하고, 행복한 결혼 생활을 하기 위해 나름 최선의 노력을 다한다. 다른 것은 다 포기하더라도 행복한 가정을 지킬 수만 있다면 무엇이든 하겠다는 사람이 많다.

하지만 결혼 생활의 현실은 그리 녹록지 않다. 러시아 속담에 '싸움터에 나갈 때는 한 번, 바다에 나갈 때는 두 번, 결혼할 때는 세 번 기도하라'라는 말이 있다. 프랑스 속담에는 '남자들은 자유를, 여자들은 행복을 잃을 각오로 하는 제비뽑기'라는 말도 있다. 더 충격적인 속담도 있다. 영국의 철학자 프랜시스 베이컨Francis Bacon은 "하나님이 사랑을 만드니, 악마가 결혼을 만들었다"라고 했고, 프랑스 소설가인 앙리 드 몽테를랑Henry de Montherlant은 "머리가 좋은 남편이란 존재할 수 없다. 왜냐하면 정말로 좋은 남자라면 결혼을 안 할 테니까"라고까지 했다.

재미있는 점은 신기하게도 결혼에 대해 긍정적으로 이야기하는 속담은 눈을 씻고 찾아봐도 없다는 것이다. 속담이 예로부터 전해지는 우리 조상들의 지혜라는 점을 고려한다면 결혼 생활이 쉽지 않은 일인 것만은 분명하다.

통계청 발표에 의하면 우리나라의 2020년 결혼 건수가 21만 4,000건인데, 이혼 건수는 10만 7,000건이라고 한다. 결혼 건수의 반인 50퍼센트로, 엄청나게 많은 사람이 이혼하는 상황이다. 이 세상 어느 누가 잘살아보고 싶지 않겠는가. 자식도 있는데 말이다. 노력해보지 않은 사람이 어디 있겠는가. 사리가 생겼을 만큼 참고 인내하며 버텼을 것이다. 주위 사람들은 함부로 말할지 모르지만, 당사자들은 정말 피나는 노력을 했을 것이다.

부부싸움이 반복되는 이유

왜 이렇게 결혼 생활이 힘들까? 왜 그리도 부부들은 끝도 없는 싸움을 계속하는 것일까? "결혼 생활에서의 다툼은 결코 해결될 수 없다. 부부들은 오랜 세월에 걸쳐 서로의 마음을 바꿔보려고 노력한다. 그러나 이것은 불가능한 일이다." 부부 문제 연구의 세계적인 권위자이자 심리학자인 존 가트맨John Mordecai Gottman 교수가 42년에 걸친 부부 연구를 정리하며 남긴 말이다.

존 가트맨 교수의 연구에 의하면 69퍼센트의 부부싸움은 반복되는 문제에서 비롯한다고 한다. 즉 부부들은 서로 바꿀 수 없는 똑같은 문제로 평생 싸운다는 말이다. 언젠가는 배우자가 바뀔 것이라고 기대하고, 또 기대가 있으니 포기하지 않고 싸우는 것이다. 그런 기대가 전혀 없다면 어느 누가 힘들게 싸우겠는가.

하지만 기대는 기대일 뿐 현실은 냉혹하기 짝이 없다. 사람이 바뀌지 않으니 계속 반복되는 문제로 평생 싸우게 된다. '사람이 갑자기 바뀌면 곧 죽는다'라는 말이 있을 정도로 사람이 바뀌는 것은 참으로 어려운 일이다. 오죽하면 '사람은 고쳐 쓰는 게 아니다'라는 속담이 있겠는가.

왜 부부들은 배우자의 반복되는 거친 요구에도 행동을 바꾸지 않는 것일까? 정확하게 이야기하면 '바꾸지 않는 것'이 아니고 '바꿀 수 없는 것'이다. 대부분의 부부싸움은 옳고 그른 것 혹은 잘한 것과 잘못한 것에 대한 다툼처럼 보이지만 실상은 전혀 그렇지 않다. 부부 간의 다툼은 대부분 바뀌지 않는 성격적 특질에 뿌리를 두고 있다.

성격은 누구의 책임인가

성격적 특질이 결혼 생활에 얼마나 중요한지 보여주는 연구가 하나 있다. 학계에서 지금껏 1,163번이나 인용되었을 만큼 영향력 있고 유명한 연구다. 1987년 미시간대학교 심리학과 로웰 켈리 Lowell Kelly 교수 연구 팀은 약혼 중이던 300쌍의 커플을 45년간 추적해 결혼 전부터 결혼 후 노인 시기까지 어떤 요인이 결혼 생활에 가장 큰 영향을 미치는지에 대해 조사했다. 이 연구는 45년간 진행되었다는 사실과 더불어 배우자의 결혼 전 특성을 통해 결혼 후의 삶을 예측했다는 또 하나의 의미를 지닌다. 구체적으로는, 어떤 커플들이 이혼하지 않고 행복하게 살지, 이혼하지는 않지만 불행하게 살지, 결국 이혼하는지를 체계적으로 밝혔다.

결혼 전에 측정한 각 배우자의 특성으로는 성격적 특질(신경증, 사회적 외향성, 충동절제력, 원만성과 친화성), 가정환경(아버지와의 관계, 어머니와의 관계, 가정 화목 정도), 결혼에 대한 태도(성역할, 성평등), 과거의 연애 경험과 성 경험 횟수 등이 있었다. 결혼 후에 측정한 변인으로는 각 배우자가 결혼 생활 중에 겪게 되는 어려움으로 경제적 문제, 실직, 질병, 외도, 임신, 건강 문제, 빚, 중독 등이 있었다. 다시 한번 강조하자면 이 연구의 핵심은 결혼 후에 행복하게 살 것인가 아니면 불행하게 살 것인가를 결혼 전부터 예측할 수 있는가에 있었다.

이 수많은 요인 중 결혼 생활의 행복과 불행을 가장 잘 예측하게 해준 주요인은 무엇이었을까? 어렸을 때의 가정환경이었을까? 결혼 전에 가지고 있던 결혼 생활을 대하는 배우자의 태도였을까? 결혼 후에 경험한 수많은 경제적(빚, 실직) 문제와 건강, 관계적(외도, 폭력) 어려움이었을까?

주요인은 다름 아닌 결혼 전에 측정한 각 배우자의 성격적 특질이었다. 특히 남자의 경우에는 높은 신경증과 낮은 충동절 제력이 이혼의 주요인이었고, 여자의 경우에는 높은 신경증이 이혼의 주요인이었다. 하지만 높은 신경증이 있었음에도 최소한의 충동절제력을 지닌 남자는 불만스러운 결혼 생활을 할지언정 이혼은 하지 않았다.

로웰 켈리 교수는 이 결과를 정리하면서 높은 신경증은 결혼 생활에 큰 괴로움을 불러올 수 있고, 이 괴로움이 이혼으로 이어지는지는 것은 특히 남자의 충동절제력 정도에 달려 있다고 주장했다. 더 흥미로운 사실은 결혼 후에 겪은 다양한 어려움은 사람들이 믿는 것만큼 결혼 생활에 큰 영향을 미치지 못했다는 점이다. 사람들은 이혼할 때 결혼 후에 발생한 경제적이거나 관계적인 여러 가지 사건들을 언급하며 이혼의 이유를 찾지만, 엄밀하게 말하면 그런 것들은 진짜 이유가 아니었던 셈이다.

진짜 이유는 결혼 전부터 존재해온 두 사람의 성격이고, 이런 성격이 결혼 후에 여러 가지 어려움을 초래했다고 보는 견해다. 다시 말해 겉으로는 결혼 후에 발생한 여러 가지 어려움이 원인인 것처럼 보이지만, 그 어려움은 이미 결혼 전 두 사람의 성격으로부터 기인했다는 것이다.

많은 사람이 성격 차이로 이혼을 결정한다. 사실 엄밀히 이야기하면 성격 차이가 아니라 본인과 배우자의 특별한 기질이나 성격이 결혼 생활에 고통과 아픔을 안겨주는 것이다. 더군다나 이런 성격 특질은 결혼 전부터 예측 가능하다는 점이 주목할 만하다. 많은 부부가 엄청나게 노력하고 애쓰지만 분명한 한계가 존재한다. 대부분의 부부싸움과 문제는 각 배우자의 변하지 않는 성격적 특질로부터 기초하기 때문이다.

결혼 생활을 해본 사람은 존 가트맨 교수의 말에 크게 공감할 것이다. 줄기차게 싸우며 배우자의 잘못을 지적하고 비난하지만 배우자는 절대 변하지 않는다. 달래고 타이른다고 변하는 것도 아니다. 그래서 몇십 년간 싸우다가 대부분은 그냥 포기해버린다. 배우자가 바뀌지 않기 때문이다. 예전에 어르신들이 우스갯소리로 하던 이야기가 있다. "그놈이 그놈이다!"

더 정직하게 이야기하면, 나 자신을 변화시키는 것도 거의 불가능에 가깝다. 스스로 계획을 세우고, 동기를 높이고, 목표를 세우고, 결심해보지만 자기 자신을 바꾸는 것조차 불가능에 가깝다. 그런데 어찌 말로써 나도 아닌 상대방을 바꿀 수 있겠는가. 현실적으로 불가능한 일이다.

그러면 불행한 결혼 생활은 누구의 책임일까? 결혼 생활의 질이 성격적 특질에 기초를 둔다면 불행한 결혼의 책임은 누구에게 있는 것일까? 더 나아가 성격적 특질이 유전적인 기반으로 설명할 수 있는 것이라면 불행한 결혼은 누구의 책임일까? 더 강하게 이야기해서 성격이 타고난 유전적 특질이기에 잘 변하지 않는다면 불행한 결혼은 누구의 책임일까? 개인에게 그 책임을 묻기에는 억울한 측면이 있는 것이 사실이다. 스스로 선택하지 않은 성격적 특질에 어떻게 책임을 물을 수 있겠는가.

그런데도 한 가지 분명한 사실은 이 질문에 대한 답이 적어도 노력 신봉 공화국에서는 개인의 책임이라는 것이다. 결혼 실패의 원인은 철저히 개인에게 있다. 묻고 따질 일도 아니다. 사람은 노력으로 변할 수 있다고 믿기 때문이다. 필요하면 성격도 바꾸라고 한다. 아니, 바꿀 수 있다고 한다. 노력해야 한다고 말한다.

타고난 것을
인정하지 않는 사회

사람이 바뀔 수 있다는 믿음이 강해서일까? 우리는 평생 사회적 잣대, 더 나아가서는 타인의 기준에 평가당하고 저울질당한다. 그래서 역설적으로 있는 모습 그대로 인정받을 때 무한 감동을 경험한다. 더 멋지고, 더 훌륭한 사람으로 변화해야 하는 부담에서 벗어날 수 있기 때문이다.

결혼한 뒤 자존감이 낮아지는 사람이 많다. 배우자를 통해 자기 자신이 부족하고 모자라며, 때에 따라서는 형편없는 사람이라고 느끼는 경우도 많다. 끊임없이 배우자로부터 평가당하고 지적당하며 변화를 요구받기 때문이다. 더욱더 자존심이 바

노력의 배신
–
075

닥으로 추락하는 이유는 그런 배우자의 요구를 맞출 수 없는 본인의 모습을 발견하기 때문이다. 변화하기 어렵다는 것을 몸으로 직접 체험하는 것이다. 누구라도 이런 상황에서 '난, 참 괜찮은 사람이구나!'라고 느끼기는 쉽지 않다.

우리는 타인이나 자신을 있는 그대로 인정해주는 것에 참으로 인색하다. 부족한 점이 아직도 산더미처럼 많고, 노력을 통해 극복해야 할 단점이 줄을 서 있기 때문이다. 자식이 너무 사랑스럽지만 부족한 점이 계속 보이는 것은 부모로서 어쩔 수 없는 노릇이다. 좀 더 멋지고 더 이상적인 모습으로 성장하기를 바라기 때문이다. 그 모습 그대로는 힘들다고 판단한다. 노력함으로써 좀 더 멋지고 좋은 모습으로 바뀌나가야 한다고 생각한다. 노력으로 사람은 변할 수 있기 때문이다. 그래서 계속 평가하고 저울질한다. 적어도 노력 신봉 공화국에서는 그렇다.

노력이 재능과
소질을 이길 수 있을까

사람은 변할 수 있을까? 우리는 변할 수 있다고 믿는다. 그래서 최선의 노력을 다한다. 이런 과정을 통해 우리는 노력 신봉 공화국을 성공적으로 건설했다. 하지만 결론적으로 사람은 쉽게 바뀌지 않는다. 더 솔직하게 이야기하면, 거의 불가능한 수준이다. 성격적 특질, 재능, 소질 등은 타고나는 부분이 많기 때문에 노력으로 쉽게 바뀌지 않는다.

하지만 노력 신봉 공화국에서는 타고난 것들의 힘과 영향력을 인정하지 않는다. 더 나아가 무시해버린다. 무슨 이유에서인지 타고난 성격, 재능, 소질 등을 인정하면 큰일이 날 것 같다. 대신 노력으로 다 바꿀 수 있다고 호언장담한다. 노력 신봉 공화국에서 타고난 것에 대한 인정은 포기하는 것과 같으며, 실패자의 핑계에 지나지 않는다. 그래서 '재능'이나 '타고난 능력' 같은 단어들은 암묵적으로 터부시하는 사회적 금기어다. 노력만이 살길이고, 노력이 모든 사람의 희망이기 때문이다.

하지만 노력이 우리의 성공을 담보하지 못한다면 어떤 일이 발생할까? 우리가 애써 무시했던 타고난 재능과 소질의 힘이 성공과 실패를 결정하고, 노력은 들러리 역할밖에 하지 못한다면 어떤 일이 발생할까? 노력이 주원인이 아니고 타고난 재능과 능력이 주원인이라면 성공과 실패의 책임은 누구에게 돌려야 할까? 우리가 건설한 노력 신봉 공화국이 실체가 없는 허구라면 어떤 일이 발생할까?

HARD WORK »

노력과 재능의
끝없는 대결

《TALENT

01

노력 vs 재능, 누가 최후의 승자일까

_ 공부를 잘하는 것은 노력과 얼마나 관련이 있을까? 100퍼센트는 아니어도 90퍼센트는 되지 않을까? 놀랍게도 결과는 4퍼센트다. 공부를 잘하는 것과 노력은 거의 관계가 없다는 뜻이다. 최선의 노력으로 공부를 잘하게 되었다는 것은 우리의 착각이다. 그냥 우리의 믿음일 뿐이다.

'1만 시간의 법칙'은
틀렸다

2009년 말콤 글래드웰Malcolm Gladwell 은 『아웃라이어』라는 책으로 스타의 반열에 올랐다. 이 책은 폭발적인 인기를 누렸는데, 한국에서도 50만 부 이상 팔리며 그의 책은 명불허전 최고의 베스트셀러가 되었다. '1만 시간의 법칙'을 내세우며 누구든지 무언가에 1만 시간을 투자하면 최고의 전문가가 될 수 있다는 인상을 주었기 때문이다. 말이 1만 시간이지, 매일 3시간씩 꼬박 투자해도 10년이 걸려야 하는 시간이다. 결코 적은 시간이 아님에도 불구하고 성공을 꿈꾸는, 그리고 실패와 좌절로 힘들어하는 많은 이에게 희망을 던져주었다.

그 이유는 바로 '누구든지'라는 단어에 있었다. 전 세계적으로 많은 사람이 이 책을 사랑했는데, 특히 우리나라 사람들의 열광과 지지는 대단했다. 어려운 현실에 꿈과 희망의 메시지를 던져주었기 때문이다. 죽도록 열심히 노력하면 누구든지 성공할 수 있다니 이보다 더 가슴 벅찬 말이 어디 있겠는가. 노력 신봉 공화국에 사는 사람에게는 더할 나위 없이 고무적이고 희망적인 말이었다. 책 표지에 적힌 '상위 1%의 성공과 부의 비밀을 밝힌 세계적 경영사상가 말콤 글래드웰의 명저 중의 명저!'라는 광고 문구는 더욱더 많은 사람을 꿈과 희망의 세계로 몰아넣었다.

말콤 글래드웰은 다양한 예시를 통해 '1만 시간의 법칙'을 주장했는데, 그중 가장 중요한 예시는 플로리다주립대학교 심리학 교수 안데르스 에릭슨K. Anders Ericsson 이 발표한 논문이었다. 그 논문은 1993년에 출판되었는데 학계에서 1만 1,500번이나 인용될 정도로 심리학사에 기념비적인 역할을 했다.

연구 내용은 간단하다. 안데르스 에릭슨 교수는 독일 베를린 음악학교에 재학 중이던 스무 살 전후의 바이올린 전공 학생들을 연주 실력에 따라 세 등급으로 분류했다. 첫 번째 등급은 국제적인 연주자가 될 최고의 학생들이었고, 두 번째 등급은 우수하지만 국제적인 연주자가 되기에는 부족한 학생들이었으며,

세 번째 등급은 그냥 공립학교 음악 교사가 될 정도의 평범한 실력을 갖춘 학생들이었다. 안데르스 에릭슨 교수가 알고 싶었던 것은 이 학생들이 다섯 살 때부터 음악학교에 입학하기까지 들였던 연습 시간과 세 등급 간의 관계였다.

연구 결과는 재능의 절대적 위엄을 믿었던 사람들을 부끄럽게 했다. 세계적인 연주자가 될 것이라고 기대를 모았던 학생들은 다섯 살 때부터 1만 시간 정도 연습했고, 우수한 학생들은 7,800시간 정도 연습했으며, 평범한 학생들은 4,600시간 정도 연습했다는 결과를 얻었기 때문이다. 이 연구 결과를 기초로 안데르스 에릭슨 교수는 "최고의 성과는 많은 사람이 믿는 것처럼 태어난 재능의 결과가 아니며, 최소 10년 이상의 끈질긴 노력과 훈련의 결과다"라고 말했다. 연주 실력의 차이는 태어난 재능이 아닌 연습에 들인 시간에 절대 비례하며, 한 분야에서 대가가 되는 데에 필요한 것은 선천적 재능이 아니라 최소 1만 시간의 연습량이라고 주장했다.

선천적 재능이 필수라고 믿었던 음악 분야에서 얻은 결과였기에 파장은 더욱 컸다. 학계와 사회는 이 연구 결과로 큰 충격에 빠졌다. 이 연구는 16년 후인 2009년 말콤 글래드웰을 통해 '1만 시간의 법칙'으로 빛을 보게 되었고, 『아웃라이어』라는 책을 베스트셀러 반열에 올려놓았다.

1만 시간의 배신

모든 일이 그렇듯이 말콤 글래드웰이 안데르스 에릭슨 교수의 2009년도 연구를 인용하며 '1만 시간의 법칙'을 만들기 전까지 안데르스 에릭슨 교수의 논문이 찬양 일색이었던 것은 아니다. 1993년 당대와 후대의 학자들은 수십 편의 논문을 통해 안데르스 에릭슨 교수의 주장과 논문을 신랄하게 공격했고, 수많은 문제점을 지적했다.

기구한 운명이라고 해야 할까. 비판의 절정은 대학원 시절 안데르스 에릭슨 교수에게 잠깐 지도받은 적이 있던 미시간주립대학교 심리학과 잭 햄브릭Zach Hambrick 교수에 의해 이뤄졌다. 안데르스 에릭슨 교수와 잭 햄브릭 교수의 서로 다른 주장이 격렬한 논쟁으로 치닫자, 두 교수에 대한 인터뷰가 쇄도했다. 그중 일부를 소개하면 다음과 같다.*

---

*_____ 소개하는 대화는 저널리스트 마리아 콘니코바Maria Konnikova가 안데르스 에릭슨 교수와 잭 햄브릭 교수와의 인터뷰를 기초로 2016년 9월 28일자 《뉴요커》에 '연습이 완벽을 만들지 않는다Practice Doesn't Make Perfect'라는 제목으로 기고한 글 중 일부를 발췌해 최대한 저자의 의도를 해치지 않는 수준에서 필자가 인터뷰 방식으로 편집한 것이다.

<잭 햄브릭 교수와의 인터뷰>

<u>인터뷰 진행자</u>　잭 햄브릭 교수님, 먼저 어떻게 '재능과 노력'에 관심을 가지게 되었는지 여쭤봐도 될까요? 과거에 안데르스 에릭슨 교수님과도 함께 일한 적이 있다고 들었는데요.

<u>잭 햄브릭</u>　저는 어렸을 때부터 기네스북에 관심이 많았어요. 도대체 어떤 사람들이길래 세계 최고의 기록을 가질 수 있었는지 궁금했거든요. 언젠가는 기네스북에 내 기록과 함께 사진이 등재되는 것을 상상하면서 말이죠.

대학 입학 후 저는 골프에 빠지게 되었어요. 프로 골프 선수가 되고 싶었죠. 그래서 골프 연습을 무척 열심히 했어요. 첫 목표는 대학교 골프 대표 선수였죠. 대충 연습하지 않고 열심히 그리고 진지하게 했어요. 매일매일 몇 시간씩 스윙 연습을 하며 골프 실력을 쌓아갔어요. 프로 선수로 PGA(미국 프로골프협회) 챔피언십에서 뛰는 모습을 상상하면서요.

그런데 저는 어느 날 두 가지 불편한 사실 앞에 당면한 제 모습을 발견하게 되었습니다. 첫째는 생각보다 제가 골프를 잘 못한다는 사실이었고요. 둘째는 저와 골프 연습을 하던 동기들이, 하물며 동네 10대 아이들조차 저보다 연습을 훨씬 덜 하고 투지가 부족한데도 저보다 골프를 더 잘한다는 사실이었어요. '도대체 뭐가 문제일까?'라는 생각을 했어요. 당연히 대학교 골프 대표 선수로도 뽑히지 못했고요.

인터뷰 진행자   그래서 교수님은 골프를 포기하신 건가요?

잭 햄브릭   네, 보시는 것처럼요. 골프를 그만두고 대학 졸업 후 애틀랜타에 있는 조지아공과대학교 심리학과 대학원에 입학했어요. 그때가 1996년이었고, 애틀랜타는 올림픽 준비로 매우 바빴어요. 애틀랜타를 방문하는 수많은 선수와 관광객을 위해 지역 학생들이 임시적으로 애틀랜타를 떠나 있어야 하는 상황이었죠. 제 지도교수는 저에게 플로리다주립대학교에서 잠시 연구하는 것을 추천했고, 저는 그 계기로 플로리다주립대학교 심리학과에 재직 중이던 안데르스 에릭슨 교수와 함께하게 되었어요.

그때가 1996년이니까 안데르스 에릭슨 교수가 쓴 논문이 화제가 된 지 몇 년 안 되었을 때였어요. 사실 그때까지만 해도 저는 열심히 노력하면 수준급의 성과를 낼 수 있다고 믿었었고, 골프는 내 분야가 아니라고 생각했어요. 그런데 '실력은 재능이 아니고 온전히 노력이다'라고 주장하는 안데르스 에릭슨 교수와 미팅을 하면서 '내가 포기했던 골프가 과연 연습 부족이었던 것일까?' 하는 의문이 들었고, 골프에 관한 연구를 시작하게 되었어요.

'PGA 투어'의 통계치들을 역추적하며 프로 골프 선수들은 어떻게 그 실력을 갖추게 되었는지에 집중했어요. 통계 분석은 조지아공과대학교로 다시 돌아왔을 때를 거쳐 제가 미시간주립대학교에 심리학 교수로 임용되던 첫해까지 진행되었어요.

그런데 결과가 무척 실망스러웠어요. 예상치를 완전히 빗나갔던 거죠. 훈련과 연습량은 기대했던 만큼, 아니 더 정확하게 이야기하면 안데르스 에릭슨 교수가 주장하는 것만큼 프로 골프 선수들의 실력을 예측하지 못했어요. 훈련과 연습량이 이제껏 우리가 믿어왔던 만큼 프로 골프 선수들의 실력을 보장해주지 못한다는 것을 통계로 확인한 셈이죠.

그 후에도 '훈련량과 성과'에 대해 연구하며 깨달은 사실은 '훈련량이 전부가 아니다'라는 것이었어요. 제가 10대 때부터 골프 연습을 아무리 열심히 했다 하더라도 PGA 투어까지는 결코 도달하지 못했을 거라는 결론을 내렸어요. 제가 연구를 진행하며 깨달은 것은 사람들은 특정한 분야에서 선천적인 재능과 능력의 한계가 존재하고, 특정 수준 이상의 실력을 갖추기 위해서는 안데르슨 에릭슨 교수가 이야기하는 의도적 연습 deliberate practice 이외의 것들이 필요하다는 거였어요.

<안데르스 에릭슨 교수와의 인터뷰>

<u>인터뷰 진행자</u> 안데르스 에릭슨 교수님, 제가 준비해온 논문들에 대해 한마디 해주실 수 있을까요? 여기 보시는 것처럼 일란성 쌍둥이 연구들과 유전학 연구들에 의하면 '선천적인 재능과 능력들'이 인지적 능력뿐만 아니라 성과에 큰 영향을 끼친다고 합니다. 교수님께서는 지난 20년이 넘는 시간 동안 유전의 영향을 받는 것은 '키'와 '몸 크기'뿐이라며 유전적 영향력을 일축하셨고, 의도적 연습으로 누구든지 최고의 전문가가 될 수 있다고 주장하셨잖아요. 그렇죠?

<u>안데르스 에릭슨</u> 네, 맞아요. 저는 아직 '훈련' 이외에 그 어떤 것도 실력에 영향을 준다는 증거를 제시하는 사람을 본 적이 없어요. 훈련을 시작하는 나이가 성과에 영향을 줄 수 있다는 증거는 있어요. 유전이 성과에 영향을 줄 수 있다는 주장들이 이론적으로는 이해가 됩니다. 하지만 저는 그런 일이 벌어지는 것을 현실에서 단 한 번도 본 적이 없어요. 혹시 뼈의 길이를 이야기하는 거라면 제가 인정할게요. 훈련으로 뼈를 늘릴 수는 없으니까요.

제가 항상 강조하는 의도적 연습이 뭔지 아시죠? 저는 단순하고 수동적인 연습을 강조하는 게 아니에요. 사람들은 제 주장을 잘못 이해하고 무조건 연습만 1만 시간 하면 훌륭한 전문가가 될 수 있다고 생각

하는 것 같아요. 그건 완전히 잘못된 생각입니다. 저는 그렇게 말하지 않았어요. 목표 의식과 동기를 가지고 집중해서, 전문가로부터 피드백을 받아가며, 창의적이고 효율적인 방법으로 오랫동안 그리고 꾸준히 연습한다면 누구나 원하는 분야에서 전문가로 성장할 수 있어요. 저는 이런 연습 태도를 '의도적 연습'이라고 부릅니다. 제가 말하는 성공을 보장하는 연습은 의도적 연습을 말하는 것입니다.

인터뷰 진행자   네, 저도 잘 알고 있습니다. 그럼 제가 좀 더 단도직입적으로 물어볼게요. 태어난 재능이나 능력은 아무런 의미가 없는 건가요? 죄송하지만, 더 현실적으로 물어볼게요. 교수님께서 저를 위해 뛰어난 피아노 선생님과 훌륭한 피아노 교육 프로그램을 선택해준다면 저도 세계적인 피아니스트가 될 수 있을까요? 사실 저는 어렸을 때부터 피아노 연습을 했고 1만 시간도 채웠거든요.

안데르스 에릭슨 (즉답을 피하며) 혹시 피아노 배울 때 동기와 열정이 없었나요?

인터뷰 진행자   (확고한 태도로) 아니요, 저는 동기와 열정이 넘쳤어요.

안데르스 에릭슨 그럼 피아노 선생님이 실력이나 자격이 없었나요?

인터뷰 진행자　아니요, 제 피아노 선생님은 러시아 음악 예술학교의 교수를 지낸 분이었어요. 제가 피아노에 특별한 소질이 없던 건 아니었을까요?

안데르스 에릭슨　그건 아닙니다. 당신이 피아노에 소질이 없어서 세계적인 피아니스트가 못된 건 아닙니다. 피아노 선생님이 문제였던 것 같습니다. 의도적 연습을 시키지 못했던 거죠. 다른 이유가 있을 수 없어요.

<잭 햄브릭 교수와의 인터뷰>

인터뷰 진행자　잭 햄브릭 교수님, 먼저 질문 하나 해볼게요. 안데르스 에릭슨 교수가 쓴 1993년 논문을 읽어봤는데, 이상한 점 하나를 발견했어요. 논문 결과를 보니 국제적인 연주가가 될 거라고 평가받는 학생들 사이에서도 큰 개인차가 있었더라고요. 즉 1만 시간은 '평균' 연습 시간으로 어떤 학생들은 1만 시간보다 더 많은 시간을 연습했고, 어떤 학생들은 1만 시간보다 더 적은 시간을 연습했어요. 이 말은 '연습' 외에도 실력에 영향을 주는 것이 있다는 것을 의미하지 않나요? 예를 들면 타고난 재능 같은 거요. 누구는 좀 더 열심히 연습해야 하고, 또 어떤 이는 조금 덜 해도 국제적인 연주가가 될 수 있다는 말 아닌가요?

잭 햄브릭   아주 좋은 질문이네요. 저도 제 경험 하나를 이야기 해볼게요. 제가 대학교에서 '심리학 개론'을 강의하는데 학기마다 발견하는 현상 중 하나는, 어떤 학생들은 공부를 많이 하지 않아도 공부를 많이 한 학생보다 더 좋은 성적을 얻는다는 거죠. 이게 무슨 의미일까요? 아주 단순한 진리가 숨어 있죠. 뛰어난 재능과 능력을 갖추고 태어난 덕에 탁월한 실력을 얻기 위해 엄청난 훈련과 노력을 하지 않아도 된다는 것입니다.

노력과 재능, 누가 최후의 승자일까

안데르스 에릭슨 교수와 잭 햄브릭 교수의 주장 중 어느 쪽이 승자일까? 노력일까, 재능일까? 위의 인터뷰를 읽어보면 누가 이겼는지 쉽게 알 수 있다. 잭 햄브릭 교수의 주장이 훨씬 더 설득력이 있다. 재능이 노력을 이긴 것이다. 인터뷰 진행자의 질문에 답하는 안데르스 에릭슨 교수를 보면 살짝 안쓰럽기까지 하다. 그가 주장하는 모든 성공의 조건을 충족시켰는데도 불구하고, 특히 의도적 연습을 했음에도 불구하고 인터뷰 진행자는 세계적인 피아니스트가 될 수 없었기 때문이다.

더 무슨 말이 필요하겠는가. 1만 시간 이상 피아노를 연습했고, 하기 싫은 연습을 억지로 한 것도 아니고 열정과 동기를 가지고 했으며, 혼자 주먹구구식으로 연습한 것도 아니고 러시아 피아노 교수에게 체계적으로 피아노를 교육받았음에도 불구하고 인터뷰 진행자는 세계적인 피아니스트가 되지 못했다. 그 이유가 뭐겠는가. 재능 말고 또 다른 어떤 이유가 있겠는가.

이 책을 시작하면서 소개했던 대학생의 경우도 마찬가지다. 1만 시간, 아니 2~3만 시간 동안 수학을 공부했고, 인간이 가질 수 있는 최고의 열정과 동기를 갖고 공부했으며, 대치동 최고의 수학학원에서 최고 인기 강사에게 체계적인 교육을 받았음에도 불구하고 그 학생의 수학 성적은 3등급을 넘어서지 못했다.

안데르스 에릭슨 교수처럼 실패한 원인을 무리하게 노력과 훈련에서 찾고 싶어 한다면 찾을 수도 있을 것이다. 체계적인 연습을 시키지 않았다고 러시아 피아노 교수를 탓할 수도 있고, 대치동 최고 인기 강사에게 책임을 전가할 수도 있을 것이다. 그래도 안 되면 열정과 동기가 부족했을 것이라고 인터뷰 진행자를 탓할 수도 있고, 내적인 동기가 부족했다고 학생을 탓할 수도 있다. 하지만 그건 너무 비현실적이고 억지스럽지 않은가.

차라리 솔직하게 노력으로 안 되는 사람이 있을 수 있다고 인정했다면 안데르스 에릭슨 교수가 그렇게 안쓰럽지는 않았을지도 모른다. 대부분은 열심히 노력하면 성공하지만 안 그런 경우도 있을 수 있다고 조금의 여지만 남겼어도 최소한의 체면은 살릴 수 있었을지 모른다. 하지만 이렇게 예외를 인정한다 할지라도 내가 보기에 설득력이 없기는 매한가지다.

피아노 사례는 어쩌다가 운이 없는 인터뷰 진행자에게만 일어난 특이한 일이 아니고, 우리 삶에서 아주 흔하게 볼 수 있는 현상이기 때문이다. 앞서 말한 학생의 수학 공부 역시 그 학생에게만 일어나는 일이 아니다. 대부분은 이런 경우일 확률이 높다. 어느 누가 그 학생들의 노력을 비판하거나 깎아내릴 수 있겠는가. 그들보다 더 열심히 할 수도 없고, 더 큰 동기와 열정을 가질 수도 없다. 인간이 할 수 있는 최고의 노력을 다했다고 보는 것이 훨씬 더 합리적인 평가다.

잭 햄브릭 교수도 골프를 통해 분명히 그런 경험을 했다. 그는 자기가 골프 연습을 아무리 열심히 해도 PGA 투어까지 갈 수 없다는 사실을 뼛속까지 깨달았다. 훈련의 양이 전부가 아니라는 것을 몸으로 체험했다. 사람마다 타고난 재능과 능력이 있고, 이런 것들이 노력보다 더 중요할 수 있다는 것을 깨달았다.

좀 더 솔직하게 말하면 이런 깨달음은 엄청난 노력을 한 뒤 실패했을 때만 느낄 수 있는 것도 아니다. 세상을 살다 보면 충분한 노력을 하지 않아도 자기의 재능과 능력의 한계치를 알게 되는 경우가 허다하다. 그래서 눈치가 빠른 사람들은 아예 노력조차 하지 않는다. 어차피 건너가지 못할 강이라는 것을 직감적으로 알기 때문이다.

안데르스 에릭슨 교수는 이런 사람들을 비난할 것 같다. 노력하고 싶지 않으니 내세우는 핑계일 뿐이라고. 하지만 현실은 그렇지 않을 수 있다. 일찍 포기하는 사람들이 훨씬 더 현명하고 지혜로운 사람일 수도 있다. 눈을 살짝만 돌려보면 노력만으로는 성공이 보장되지 않는다는 사실을 쉽게 알 수 있기 때문이다. 노력 신봉 공화국에서 살고 있으니 애써 못 본 체할 뿐이지 눈만 제대로 뜨면 다 알 수 있는 경험적 사실이다.

노력과 재능에 관한
과학적 증거

　　노력의 승리를 지지하는 사람들은 잭 햄브릭 교수의 주장에 반기를 들 수 있다. 앞에서 예로 들었던 골프나 피아노의 경험을 기초로 논쟁하는 것은 의미가 없다고 주장할 수도 있다. 대표성이 없기 때문이다. 유리한 사례들을 이용해 자기주장을 펼칠 수 있기 때문이다. 잭 햄브릭 교수의 주장에 반해 안데르스 에릭슨 교수 역시 독일 베를린음악학교 학생들을 대상으로 한 연구를 이용해 자기의 주장을 밀어붙일 수 있다. 경험적인 자료와 예시를 통해 논쟁하는 것은 단지 논쟁을 위한 논쟁일 뿐이다.

이 논쟁을 보며 많은 이가 다음과 같이 이야기할지도 모르겠다.

'노력도 성공을 100퍼센트 보장할 수 없고, 타고난 재능과 능력 역시 성공을 100퍼센트 보장할 수 없을 것 같다. 두 교수 모두 너무 극단적인 주장을 하는 것 같다. 둘 다 맞는 이야기일 수도 있고, 둘 다 틀린 이야기일 수도 있다. 그리 어렵지도 않은 문제로 쓸데없이 논쟁만 키우는 것 같다. 그냥 둘 다 맞는 것으로 하면 안 되나? 노력과 재능 모두 성공에 영향을 준다고 하면 되는 것 아닌가? 노력도 중요하고 재능도 중요하다고 하면 끝나는 문제 아닌가? 별것도 아닌 것으로 쓸데없이 논쟁만 키우는 것 아닌가?'

합리적인 반론과 추론처럼 보인다. 재능있고 똑똑한 사람이 성공하는 것도 사실이고, 열심히 노력하는 사람이 성공하는 것도 사실처럼 보이기 때문이다. 둘 다 맞는 측면이 있으니 논쟁할 이유가 없다는 것이다.

엄청난 노력으로 성공한 수많은 사례들 앞에서 잭 햄브릭 교수는 뭐라고 반박할 수 있겠는가? 반대로 타고난 능력으로 특별한 노력 없이 성공한 수많은 사례들 앞에서 안데르스 에릭슨 교수 또한 무슨 반박을 어떻게 하겠는가? 어차피 둘 다 할 말이 없지 않겠느냐는 이야기다.

노력과 재능이
성공에 미치는 영향

그러면 노력과 재능이 성과에 미치는 영향력에 대한 과학적인 증거는 없을까? 물론 있다. 오랜 시간 동안 심리학 분야에서 수많은 연구가 이뤄졌다. 흥미롭게도 이런 연구의 결정체는 2014년 잭 햄브릭 교수에 의해 나왔다. 안데르스 에릭슨 교수의 그 유명한 1993년도 연구를 20년 만에 뒤집은 것이다. 1만 시간 이상 의도적 연습을 하면 누구나 성공할 수 있다는 안데르스 에릭슨 교수의 주장을 무력화한 것이다.

2014년에 발표한 잭 햄브릭 교수의 논문은 믿기 어려울 정도의 충격적인 연구 결과와 함께 세상을 깜짝 놀라게 했다. 논문을 준비하면서 그는 몇 가지 중요한 연구 목적을 가졌는데, 첫 번째 목적은 노력 혹은 연습이 최고 성과를 내는 데에 몇 퍼센트나 기여하는지를 수치로 밝히는 것이었다. 이 연구 목적은 현실적인 측면에서 큰 의미가 있었다. 어찌 보면 연습만 중요하다는 주장도, 재능만 중요하다는 주장도 옳지 않을 수 있기 때문이다. 성공의 원인으로 연습과 재능이 몇 퍼센트나 기여하는지를 수학적으로 정확하게 계산해내야만 이 오래된 논쟁을 완벽하게 정리할 수 있다.

두 번째 목적은 연습과 성과의 관계가 분야마다 다를 수 있다는 점을 고려해 다양한 분야를 조사하는 것이었다. 연습 혹은 재능이 성공에 미치는 영향력이 공부와 음악 분야에서 각기 다를 수 있기 때문이다. 물론 스포츠 분야는 또 다른 이야기일 수 있다. 일반적으로 사람들은 공부와 같은 분야는 노력의 영향력이 재능보다 훨씬 클 것이라고 예상하지만, 예술 분야나 스포츠 분야는 타고난 재능이 노력만큼 중요할 수 있다고 생각하기 때문이다.

세 번째 목적은 '단순한 연습'이 아니고 '의도적 연습'을 강조한 안데르스 에릭슨 교수의 주장을 참고해 단순한 연습의 효과를 연구한 것이 아니고, 의도적 연습이 '성과'에 미치는 영향을 연구하는 것이었다. 그렇지 않으면 '난 그런 단순한 노력을 이야기한 것이 아니었어. 그냥 무조건 1만 시간만 투자하면 누구나 그 분야에서 성공한다고 이야기한 적 없다고! 체계적이고 전문적인 의도적 노력을 1만 시간 했을 때 성공한다고 말했다고!'라며 그가 반박할 수 있기 때문이었다. 즉 의도적 연습에 관련한 연구를 통해 어떤 반박도 당하지 않을 연구 결과를 도출하고 싶었다.

잭 햄브릭 교수는 이 세 가지 목적을 가지고 기존에 발표된 '의도적 연습'과 '성과'에 관한 모든 연구를 철저하게 조사했다.

결과적으로 88개의 연구를 찾아냈고, 88개의 연구에 참여한 실험 참여자는 1만 1,135명으로 매우 방대한 데이터였다. 게임(체스, 단어보드게임), 音樂(바이올린, 비올라, 피아노, 현악기), 스포츠(펜싱, 야구, 발레, 축구, 크리켓, 육상, 핸드볼, 볼링, 수영, 레슬링), 학업(수학, 언어, 의학, 심리학, 사회학, 간호학, 회계학, 통계학, 컴퓨터 사이언스, 경영학), 전문직(축구심판, 보험영업, 컴퓨터 프로그래밍)의 다섯 개 분야로 나눠 연구 결과를 분석했다. 그는 2014년 논문을 통해 이 분석 결과를 발표했다. 분석 결과는 가히 충격적이었다.

게임 분야에서 노력과 훈련은 성공에 몇 퍼센트나 기여했을까? 노력은 성공과 얼마나 관련이 있을까? 최선의 노력과 훈련을 하면 누구나 바둑 혹은 장기에서 최고의 성과를 낼 수 있을까? 열정과 동기를 가지고 전문가의 체계적인 지도와 함께 1만 시간 이상 연습하면 누구나 이세돌과 같은 실력을 갖출 수 있을까? 이세돌 정도는 아닐지라도 최고의 전문 바둑 기사가 될 수 있을까? 하지만 진실은 그렇지 않았다. 뒤의 도표에 나타나 있는 것처럼 게임 분야에서의 노력은 성공과의 관계성이 26퍼센트에 불과했다. 성공의 원인 중 26퍼센트만이 노력이었고, 74퍼센트는 노력으로 설명되지 않았다.

게임 분야에만 한정된 이야기일까? 그러면 음악은 어땠을까? 음악 분야에서의 노력은 성공과 21퍼센트만 관계가 있었다. 나머지 79퍼센트는 노력으로 설명되지 않았다. 성공의 원인이 노력이 아닌 셈이다. 음악 분야와 마찬가지로 스포츠 분야에서도 노력은 성공과 18퍼센트만 관련이 있었다. 스포츠 분야에서의 성공 여부는 누가 얼마나 노력했는지와 별로 관련이 없다는 뜻이다. 게임이나 음악 그리고 스포츠는 그럴 수도 있다고 생각할 수 있다. 이런 분야에서는 노력보다 타고난 재능이 더 중요하다고 믿는 사람이 많기 때문이다. 그러면 다른 분야는 어떨까?

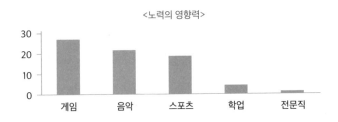

학업에 관해 이야기해보자. 공부를 잘하는 것은 노력과 얼마나 관련이 있을까? 100퍼센트는 아니어도 90퍼센트는 되지 않을까? 놀랍게도 결과는 4퍼센트였다. 이게 무슨 뜻일까? 좀 더 직설적으로 이야기하면 공부를 잘하는 것과 노력은 '거의' 관계가 없다는 뜻이다. 어쩌면 최선의 노력으로 공부를 잘하게 되었다는 것은 우리의 착각이다. 그냥 우리의 믿음일 뿐이다. 노력하면 공부를 잘할 수 있다고 믿는 것은 인지적 환상이다. 사실은 전혀 그렇지 않다. 안타깝지만 최선의 노력에도 불구하고 공부를 잘하지 못할 수 있다. 위 결과를 종합하면 '스포츠나 음악은 열심히 노력하면 조금 실력을 키울 수 있을지 몰라도 공부는 그렇지 않다'라고 말하는 것이 훨씬 더 합리적인 추론이다.

마지막으로 전문직에서의 성공은 노력과 얼마나 관련이 있을까? 엔지니어든, 축구심판이든, 영업직이든 죽도록 노력하면 그 분야에서 최고의 성과를 낼 수 있을까? 노력은 이 분야에서의 성공을 몇 퍼센트나 설명할까? 결과는 1퍼센트 미만이었다. 통계적으로 이야기하면 전문직에서 성공하는 것은 노력의 양과 아무런 관련이 없다는 뜻이다. 전문 분야에서 성공한 사람들이 대부분 노력을 성공의 원인으로 이야기하지만, 실상은 전혀 그렇지 않다. 99퍼센트 이상의 성공이 노력과 아무런 상관이 없다.

위 연구 결과를 기초로 잭 햄브릭 교수는 두 가지를 이야기한다. 첫째, 안데르스 에릭슨 교수가 이야기하는 것만큼 혹은 사람들이 일반적으로 믿는 것만큼 노력이 성공의 원인이 아니라는 것이다. 연구 결과가 보여주듯이 노력의 영향력이 전혀 없는 것은 아니다. 물론 전문직에서의 성과는 노력과 거의 무관하지만 분명히 있기는 있다. 연구 결과의 핵심은 많이 양보해서 열심히 노력하면 좋은 성과를 올리는 데에 조금의 도움은 되겠지만 한계가 극명하다는 것이다. 노력의 효과가 그렇게 크지 않다고 말하는 것이 정확한 표현일 것이다.

둘째, 그러면 성공의 주요인은 무엇인가에 대한 질문에 잭 햄브릭 교수는 어떻게 답할까? 그는 "많은 요인이 있을 수 있지만, 그중 핵심은 타고난 재능과 능력이다"라고 말한다. 결국 잭 햄브릭 교수가 2014년 논문에서 하고 싶었던 이야기는 타고난 재능과 능력이 노력보다 훨씬 더 중요하다는 것이다. 노력의 힘이 전혀 없는 것은 아니지만, 재능과 비교한다면 노력의 자리는 초라할 뿐이다. 누가 봐도 재능과 능력의 압승이다.

02

관점 ①
- 노력은 도대체
누가 하는가

_ 생존과 관계도 없고 잘해야 할 특별한 이유도 없다면 어떨까? 절대 열심히 하지 않을 것이다. 누가 재능 없는 일에 최선을 다하겠는가. 노래를 못하는 사람은 노래를 안 하게 되고, 요리에 재능이 없는 사람은 특별한 이유가 아니면 요리하기를 꺼리며, 운동에 재능이 없는 사람은 운동을 하지 않게 된다. 이것이 사람의 본능이다.

재능과 노력은
서로 완전히 다른 것일까

타고난 재능과 능력이 중요하다는 것은 인정한다고 치자. 그렇다 하더라도 '노력이 중요하지 않다'라는 뜻은 아닐 것이다. 잭 햄브릭 교수도 그렇게 단정 짓지는 않았다. 여하튼 최선을 다해 노력하면 되는 것 아니냐고 반문할 수 있다. 많이 양보해서 노력의 영향력이 25퍼센트라 할지라도 이 부분을 극대화하면 성공할 수 있지 않겠느냐는 것이다. 재능이 타고나는 것이어서 우리가 어떻게 할 수 없는 것이라면 더더욱 최선의 노력을 다해야 하지 않겠느냐는 말이다. 어차피 재능이 쉽게 변하지 않는 것이라면 변할 수 있는 노력이 더욱더 중요하기 때문이다. 재능이 부족하면 노력으로 극복할 수 있다는 믿음이다.

하지만 안타깝게도 잭 햄브릭 교수는 이런 반문도 단칼에 반박한다. 재능이 부족하면 노력으로 극복할 수 있다고 믿는 것은 사람들의 인지적 착각일 수 있다는 것이다. 그는 2015년에《심리작용학회보 Psychonomic Bulletin and Review》라는 최상위 국제 저널에 하나의 논문을 발표했다. 이 논문에서 그는 왜 노력이 성공의 열쇠처럼 보이는지, 유전과 환경의 관계성 측면에서 두 가지 개념을 들어 설명했다. 물론 과거에도 다른 학자들이 유전과 환경의 영향력에 대해 논쟁할 때 사용한 개념이긴 하지만, 잭 햄브릭 교수는 이 두 개념을 통해 성공의 열쇠는 노력이 아니라 타고난 재능임을 밝혀냈다. 첫 번째 개념은 '재능-노력 연관성 gene-environment correlation'이고, 두 번째 개념은 '재능-노력 상호작용 gene-environment interaction'이다.

재능이 노력을 창조한다(재능-노력 연관성)

첫 번째 개념인 '재능-노력 연관성'을 쉽게 표현하면 재능과 노력은 서로 다른 독립적인 주체가 아니라 서로 깊은 연관성이 있다는 뜻이다. 재능을 가지고 있는 사람이 더 많이 노력한다는 뜻으로, 쉽게 말해 재능이 노력을 가능케 한다는 말이다. 더 적극적으로 주장하면 재능이 노력을 창조한다는 말이다. 노력은 모든 사람에게 무작위로 혹은 공평하게 주어지는 것이 아니라 재능에 따라 노력의 양이 결정된다는 이야기다. 노력은 재능과 상관없이 누구나 원하면 열심히 할 수 있는 것이 아니라 재능을 가진 사람들의 전유물이라는 것이다. 즉 재능이 원인이고 노력이 결과라는 말이다.

많은 사람이 재능과 노력이 서로 독립적인 관계에 있다고 생각한다. 즉 재능이 많다고 노력을 더 많이 하는 것도 아니고, 재능이 적다고 덜 노력하는 것도 아니라고 생각한다. 재능과 노력은 서로 관련이 없다는 것이다. 재능이 없어도 열심히 노력할 수 있고, 재능이 있어도 노력하지 않을 수 있다는 말이다. 그래서 결론적으로 노력하면 성공할 수 있다고 믿는 것이다. 더 정확히 말하면 재능이 없으면 열심히 노력해 성공할 수 있고, 재능이 있어도 노력하지 않으면 성공할 수 없다고 믿는다. 그래서 동기부여 전문가들은 타고난 똑똑함과 상관없이 노력으로 누구나 공부를 잘할 수 있다고 주장한다.

이 믿음의 핵심은 재능과 노력은 서로 완전히 독립적인 주체라는 것이다. 서로 연관된 것이 아니고 서로 다른 주체로서 하나가 부족하면 다른 하나로 충분히 극복 가능하다는 믿음이다.

당연한 이야기처럼 들릴 수 있다.

그래서 사람들은 노력의 힘을 신봉하며 노력하지 않는 사람들을 비난한다. 특별히 재능이 없다며 포기하는 사람들에 대해서는 비난의 강도가 더 거세진다. 타고난 재능과 상관없이 모든 사람이 최선의 노력을 다할 수 있다고 생각하기 때문이다. 재능은 재능이고, 노력은 노력이라는 논지다. 재능이 없어도 노력할 수 있고, 재능이 있어도 노력을 안 할 수 있다고 믿는다. 한마디로 정리하면 재능과 노력은 별개라는 것이다.

하지만 안타깝게도 잭 햄브릭 교수는 재능-노력 연관성 개념을 통해 다른 이야기를 한다. 음악적 성과와 관련한 연구에서 그가 발견한 사실은 음악적으로 뛰어난 재능을 가진 학생들이 그렇지 않은 학생들에 비해 훨씬 더 많이 노력하고, 반대로 음악적 재능이 없는 학생들은 훨씬 더 적게 노력한다는 것이다. 재능과 노력이 서로 독립적이지 않고 깊은 관련이 있다는 이야기다. 재능이 있어서 노력을 많이 하는 것이고, 재능이 없어서 노력을 적게 하는 것이다.

재능-노력 연관성에 의하면, 누구나 원한다고 해서 최선의 노력을 할 수 있는 것이 아니라 재능이 있는 사람이 없는 사람에 비해 노력을 더 많이 하게 된다. 즉 재능이 우선적인 원인이고, 노력이 그 결과로 나타난다는 것이다.

'노력을 많이 하는 사람이 성공한다'는 인지적 착각

피상적인 현상만 관찰하면 노력을 많이 하는 사람이 훌륭한 성적과 성과를 내는 것처럼 보이는 것이 사실이다. 하지만 이런 현상을 '노력이 성과를 만든다'라고 추론하면 안 된다. 이런 추론은 완벽한 인지적 착각이다.

열심히 노력해서 좋은 성과를 내는 것이 아니라 재능이 있어서 열심히 노력하는 것이다. 방향성이 완전히 거꾸로다. 안데르스 에릭슨 교수처럼 "연습을 많이 하는 학생이 훌륭한 실력을 보이네. 역시, 연습을 이길 수 있는 건 적어도 이 세상에는 없어! 열심히 노력하는 자를 누가 이길 수 있겠어. 자, 열심히 노력해보자!"라고 말할 수 있다. 하지만 이것은 노력을 가능케 하는 재능을 보지 못했기에 하는 말이다. '노력' 밑에 숨어 있는, 그것의 엔진인 '재능'을 보지 못한 것이다. 재능이 있으니 열심히 한 것이지, 열심히 해서 잘하게 된 것이 아니다.

잭 햄브릭 교수의 연구 결과에 따르면 특정 분야에 재능이 있는 사람이 그 분야에 더 많이 노력하고 연습한다고 한다. 더 정확하게 이야기하면 타고난 재능이 노력을 가능케 한다는 것이다. 재능과 상관없이 누구나 원하면 열심히 노력할 수 있는 것이 아니라, 타고난 재능이 있는 사람이 그 분야에 훨씬 더 많은 노력을 하게 된다는 것이다.

누가 피아노 연습을 많이 할까? 피아노에 재능이 있는 친구들이 그렇지 않은 친구들에 비해 훨씬 더 많이 연습한다. 육상에 재능이 있는 친구들이 달리기 연습을 훨씬 더 열심히 하고, 수학에 재능이 있는 친구들이 수학 문제를 훨씬 더 열심히 풀고, 영어에 재능이 있는 친구들이 어렸을 때부터 영어 관련한 훈련과 연습을 훨씬 더 열심히 한다. 어찌 보면 너무 당연한 이야기일 수 있다. 재능이 있으니 열심히 노력하게 되는 것이고, 재능이 없으면 열심히 하기 힘들다.

어쩌다가 자신이 요리에 재능이 있는 것을 알게 되었다고 하자. 그러면 나는 어떤 행동을 취하겠는가? 더 열심히 요리할 것이다. 책이나 유튜브를 보면서 더 많은 것을 배우고 익힐 것이다. 더 나아가 요리학원에도 다니면서 전문적인 실력을 키우고, 기회가 주어질 때마다 요리를 하며 기쁨과 재미를 느낄 것이다. 그러다가 어떤 사람은 요리사가 되기도 할 것이다. 전문가가 될 수도 있다. 요리에 재능이 없는데 누가 열심히 노력하겠는가. 물론 할 수 있다. 하지만 잭 햄브릭 교수가 발견한 것은 재능이 없는 사람에 비해 재능이 있는 사람이 훨씬 더 많이 노력한다는 사실이다.

'노력을 적게 하는 사람이 실패한다'는 인지적 착각

이 상황에서 성공의 원인이 노력이라고 이야기할 수 있을까? 노력만 하면 성공할 수 있다고 이야기할 수 있을까? 그렇지 않다. 어차피 노력이라는 것은 재능 있는 사람들의 전유물일 수 있기 때문이다. 주원인이 재능이고, 밖으로 보이는 종인이 노력이다.

특정한 분야에 타고난 재능이 없는 친구들은 어떨까? 재능이 없더라도 열심히 노력할까? 열심히 노력하기 어렵다. 왜? 재능이 없기 때문이다. 잘 못하니 그 분야에 열심히 노력하지 않는다. 그래서 밖으로 드러나는 현상만 관찰하면 열심히 노력하는 자들이 성과가 좋은 것이 사실인 것처럼 보이지만, 이런 현상만으로 노력하면 성공할 수 있다고 말하는 것은 인과관계를 착각한 인지적 오류다. 성공의 진짜 주원인은 노력이 아니라 타고난 재능이다.

주위를 조금만 둘러보면 이런 현상을 아주 쉽게 목격할 수 있다. 노래에 타고난 재능이 없는 친구는 노래 연습을 열심히 하지 않는다. 물론 특별한 이유나 목적이 있다면 단기적으로 열심히 노력할 수도 있지만, 이런 일들은 쉽게 일어나지 않는다.

타고난 재능이 없으니 잘하지도 못하고, 그래서 흥미도 없고 하기 싫어지기 때문이다. 대부분의 사람은 잘하는 일을 좋아하고 그 일에 많은 노력을 기울인다. 잘하지 못하면 피하고 안 하게 된다.

공부도 마찬가지다. 대학에 들어가야 하고 사회적 분위기가 그러니 억지로 꾸역꾸역 공부하지만, 열심히 하기가 쉽지 않다. 재능이 없기 때문이다. 좋은 대학에 들어가야 한다는 절박한 생존적 목적과 이유가 있는데도 말이다.

생존에 관계도 없고 잘해야 할 특별한 이유도 없다면 어떨까? 절대 열심히 하지 않을 것이다. 누가 재능 없는 일에 최선을 다하겠는가. 노래를 못하는 사람은 노래를 안 하게 되고, 요리에 재능이 없는 사람은 특별한 이유가 아니면 요리하기를 꺼리며, 운동에 재능이 없는 사람은 운동을 하지 않게 된다. 이것이 사람의 본능이다. 재능과 노력은 깊은 관계가 있다.

성적이나 성과가 낮은 사람을 관찰하면 쉽게 파악할 수 있는 사실이 바로 그 사람이 열심히 노력하지 않는다는 것이다. 이 관찰을 기초로 노력 신봉 공화국에서는 성적이 안 좋은 이유를 열심히 노력하지 않기 때문이라고 단정한다. 현상적으로는 맞는 이야기일 수 있다. 노력하지 않은 것이 사실이기 때문이다. 하지만 인과관계 추론이 틀렸다. 이 노력이라는 것은 아무나 쉽게 할 수 있는 것이 아니고, 재능과 깊은 관련이 있어서 재능이 있는 사람이 더 많이 노력하기 때문이다.

그래서 성과가 낮은 원인은 궁극적으로 '노력 부족'이 아니라 '재능 부족'이다. 노력 부족은 밖으로 보이는 꼭두각시일 뿐이고 진짜 원인은 재능 부족이다. 진짜 원인을 모른 채 가짜 원인인 노력 부족만 때려잡으면 재능 없는 사람은 억울할 수밖에 없다. 이런 일들이 노력 신봉 공화국에서는 비일비재하게 일어난다.

한마디로 정리하면 성과에서 재능이 노력을 압도하는 첫 번째 이유는 재능이 있어야 노력을 할 수 있기 때문이다. 노력은 아무나 마음만 먹으면 할 수 있는 것이 아니다.

노력을 가능케 하는 것은 재능이다

공부에 재능이 있는 학생은 공부에 관심이 많고 열심히 공부할 확률이 높다. 밖에서 볼 때는 열심히 공부한 학생이 공부를 잘하는 것처럼 보이고, 열심히 공부하지 않은 학생이 공부를 잘하지 못하는 것처럼 보인다. 현상학적으로는 사실이다. 이런 현상을 보면서 인생은 정의롭고 공평하다고 이야기하는 사람이 많다. 착각이고 환상일 뿐이다.

공부에 재능이 있어서 공부를 열심히 한 것이고, 공부에 재능이 없어서 공부를 열심히 하지 않은 것뿐이다. 공부를 열심히 해서 공부를 잘하게 된 것이 아니고, 공부를 열심히 하지 않아서 공부를 못하게 된 것도 아니다. "나는 똑똑하지 않아"라고 말하는 것은 자존심 상하는 일이다. 그래서 우리는 "별로 관심도 없고 재미도 없어. 하기 싫어!"라고 이야기하며 자존심을 지키려 한다. 핑계처럼 들리지만 이것은 완벽한 사실이다. 재능이 없어서 관심도 안 생기고 재미도 없는 것이다.

좋은 학원에 다니면 공부를 잘하게 될까

학원의 메카인 대치동의 교육 환경도 비슷하다. 많은 사람들이 대치동에 있는 좋은 학원에 다녀야 공부를 잘할 수 있다고 생각한다. 그래서일까? 대한민국의 내로라하는 학원은 모두 대치동에 있다고 해도 과언이 아닐 정도로 학원이 많고, 수많은 학생이 이곳으로 몰려든다. 저녁 10시만 되면 아이들을 픽업하기 위해 기다리는 부모들의 차로 대치동 일대는 교통 대란을 이룬다.

그런데 대치동에 처음 발을 들여놓는 엄마와 아이들은 한 가지 사실을 발견하고 놀란다. 원한다고 해서 아무 학원이나 등록할 수 없다는 사실이다. 어이없게도 학원들은 영어든 수학이

PART 2
-
114

든 '서연고/서성한/중경외시(서울대, 연세대, 고려대/서강대, 성균관대, 한양대/중앙대, 경희대, 외국어대, 시립대)'처럼 이미 순위가 정해져 있다. 유명한 학원은 아무 때나 누구든지 등록할 수 있는 곳이 아니다. 대치동에는 공부를 잘하지 못하면 등록할 수 있는 학원이 별로 없다. 공부를 잘하지 못하면 동네 보습학원이나 과외를 먼저 해야 한다. 아니면 동네에서 실력을 키워 시험을 보고 실력에 맞는 학원을 찾아야 한다. 시험을 치지 않고 들어가는 학원은 거의 없다.

학생 수준에 맞는 반을 선택하기 위해 '레벨 테스트'를 한다고 하지만, 말이 그렇지 실질적으로는 그 학원에서 공부할 수 있는 실력이 되는지를 확인하는 작업이다. 그래서 좋은 학원에 합격하기 위해 과외를 받기도 하고, 다른 학원에서 실력을 키워 오기도 한다. 얼핏 보면 좋은 학원에 다니는 학생들이 공부를 잘하고, 그렇지 않은 학원에 다니는 학생들이 공부를 못하는 것처럼 보이지만 사실은 완전히 거꾸로다. 훌륭하고 뛰어난 학생들이 모인 곳이 좋은 학원이고, 실력이 부족한 학생들이 모인 곳이 그렇지 않은 학원이다. 수학학원은 이미 순서가 정해져 있어서 과학고에 갈 학생이 다니는 학원이 있고, 국제고를 준비하는 학생이 다니는 학원이 있고, 외고를 준비하는 학생이 다니는 학원이 있다. 절대로 아무나 갈 수 있는 곳이 아니다.

그래서 어느 학원에 다니는지를 보면 그 학생의 성적을 거의 정확하게 유추할 수 있다. 그리고 특별한 일이 없는 한 공부를 잘하는 학생은 계속 잘한다. 이 학생들의 공부 순서가 바뀌는 것은 생각보다 어렵다. 이미 잘하는 학생들은 최고 난이도로 가르치는 학원에서 그 수준에 맞는 공부를 최선을 다해 하고 있기 때문이다. 그래서 그 아래 수준의 학생이 그들을 이기기는 쉽지 않다. 이미 중학교와 고등학교 때 다니는 학원 서열에서 대학교의 서연고/서성한/중경외시 순서가 보일 정도다.

그러면 학원의 목적은 무엇일까? 역시나 타고난 능력과 재능을 강화해주고 빛나게 해주는 곳일 뿐이다. 실력을 키워주는 곳이 아니라 타고난 재능과 능력을 빛내주고 유지해주는 곳이다. 공부에 대한 타고난 재능이 없으면 학원의 힘은 아주 제한적일 수밖에 없다.

나의 연구실에서 공부하는 대학원생 한 명이 학원에서 시간제로 일하는데 아주 충격적인 이야기를 한 적이 있다. 학원에 다니는 학생들 열 명 중 아홉 명은 학원이 별 의미가 없다는 것이었다. 잘 따라오지도 못하고, 동기도 부족하고, 능력도 부족하다는 이야기다. 더 슬픈 것은 학생 본인이 그 사실을 가장 잘 안다는 것이다. 그런데도 부모의 강권에 어쩔 수 없이 학원에 다니는 것뿐이고, 부모들은 불안해서 '학원이라도 열심히 다

녀야 어느 정도는 하지 않을까?' 하는 마음으로 보낸다는 것이
다. 열 명 중 한 명은 집중도 잘하고, 잘 따라오고, 잘하는데, 아
쉽게도 그 학생은 원래 공부를 잘하는 학생이라고 한다. 학원이
그 학생의 공부 실력을 키워준 것이 아니다. 좋은 학원에 다닌
다고 해서 공부를 잘하게 되는 것도 아니다. 방향성이 잘못되었
다. 공부를 잘하는 학생이 좋은 학원에 다닌다. 그 학생의 공부
재능이 좋은 학원에 갈 수 있게 하는 것이지, 좋은 학원이 공부
를 잘하게 해주는 것이 아니라는 말이다. 재능이 원인이고 좋은
학원은 그냥 따라오는 결과다.

1만 시간 연습하면
세계적인 성악가가 될까

정말 1만 시간 연습하면 세계적인 성악가가 될까? 안데
르스 에릭슨 교수는 "물론 그렇다!"라고 답할 것이다. 세계적인
성악가가 한 사람 있다고 하자. 분명히 이 성악가는 피나는 노
력과 연습을 했을 것이다. 1만 시간 이상 연습했을 확률도 아주
높다. 이 세계적인 성악가는 TV에 나와 자기가 얼마나 많은 시
간과 노력을 들였는지 이야기할 것이고, 대중들은 그 이야기에

감동하며 노력 신드롬을 더 강하게 형성할 것이다. 적어도 이 노력 신봉 공화국에서는 그렇다.

이 성악가는 거짓말을 한 것도 아니고, 대중을 속인 것도 아니다. 자신이 믿고 생각하는 바를 솔직하고 정직하게 이야기했을 뿐이다. 그가 하는 이야기는 모두 사실이다. 그가 열심히 노력한 것은 100퍼센트 진실이다. 하지만 노력이 주원인이었다고 생각하는 것은 오해이고 착각일 수 있다. 이 성악가는 본인의 타고난 재능이 노력을 가능하게 했다는 사실을 인지하지 못할 뿐이다. 노력 신봉 공화국에 살고 있기 때문이다. 사실은 재능이 원인이고 피나는 연습과 노력은 자연스럽게 따라오는 결과다.

관점 ②
– 노력하면 누가
성공하는가

_ '하여튼, 노력하면 되는 거 아냐?'라고 반문할 수 있다. 그렇지 않다. 노력하면 노력하지 않을 때보다 더 잘할 수 있겠지만, 노력의 효과는 재능이 있는 친구에게 훨씬 강하게 나타난다. 그래서 재능이 없는 친구가 재능이 있는 친구를 이기기 위해서는 몇 배의 노력을 해야 한다. 우리는 이런 노력을 재능이 없는 친구에게 요구하는 것이다. 하지만 이런 요구가 현실에서 이뤄지기는 쉽지 않다. 아니, 이뤄질 수가 없다.

노력의 효과는
누구의 것인가

이쯤 되면 노력 신봉자들은 또 하나의 멋진 반박을 할 것이다. "재능이 있는 사람이 노력하기 쉽다는 것은 이해할 수 있어요. 당연히 그럴 수 있을 것 같아요. 아무래도 재능이 있으면 노력하기가 쉽겠죠. 하지만 그런 사실이 노력의 힘을 부인하지는 않잖아요? 재능이 없으면 노력하기가 좀 힘들겠지만, 그럼에도 불구하고 노력하면 잘할 수 있는 거잖아요. 그게 노력의 매력 아닌가요? 결국 재능이 있든 없든 노력하면 잘할 수 있는 건 변하지 않는 사실이잖아요?" 아주 훌륭한 질문이고 멋진 반박이다. 하지만 이 반박에 대한 역공은 더 강력하다.

잭 햄브릭 교수의 '재능-노력 상호작용' 효과는 이 반박을 완벽하게 무력화시킨다. 재능-노력 상호작용 효과는 노력의 효과가 재능에 따라 달라진다는 것을 의미한다. 이 이론과 개념을 잭 햄브릭 교수가 처음 만들어낸 것은 아니지만, 심리학사에서 유전의 영향력을 설명하는 데에 자주 사용되어온 개념이다.

이 재능-노력 상호작용 효과를 이해하기 위해서는 먼저 '재능의 주효과'와 '노력의 주효과'를 이해할 필요가 있다. 재능의 주효과는 특정한 분야에 재능이 있으면 그 분야에서 더 높은 성과를 낸다는 것이다. 노력의 주효과는 특정한 분야에서 많이 노력하면 그 분야에서 더 높은 성과를 낸다는 것이다. 재능의 주효과와 노력의 주효과는 과학적으로 둘 다 맞는 이야기다. 재능이 있으면 성과가 높아지고, 노력을 많이 해도 성과가 높아지기 때문이다. 이 두 가지 효과를 부정할 사람은 이 세상에 아무도 없을 것이다. 역사적 논란은 누가 더 강력한 영향력이 있는가에 있다.

그런데 충격적인 사실은 노력의 효과가 재능에 따라 달라진다는 것이다. 이것을 '재능-노력 상호작용' 효과라고 부른다. 같은 노력을 하더라도 타고난 재능에 따라 노력의 효과가 달라진다는 말은 무슨 뜻일까?

타고난 재능이 높은 사람이 노력했을 때와 타고난 재능이 낮은 사람이 노력했을 때 성과에서 현저한 차이가 난다는 것을 의미한다. 타고난 재능이 높은 사람이 노력하면 그 효과가 크지만, 타고난 재능이 낮은 사람이 노력하면 그 효과가 크지 않다. 결론적으로 노력의 효과는 재능이 있는 사람이 거의 다 가져가는 셈이다.

재능과 노력의
상호작용

이해를 돕기 위해 몇 가지 사례를 들어보겠다. 편의상 10점 만점으로 성공과 실패의 결과를 표현해, 10점 만점에 5점을 평균이라고 가정해보자. 다음 도표는 이해를 돕기 위해 가상으로 만들어낸 자료다. 먼저 오른쪽 두 개의 막대그래프를 보자. 오른쪽 두 개의 막대그래프는 타고난 재능이 높은 사람의 결과다. 그중 먹색은 노력을 적게 하는 사람을 나타내고, 녹색은 노력을 많이 하는 사람을 나타낸다. 결과를 보면 타고난 재능이 높은 사람이 노력을 많이 하면 10점 만점에 10점을 받고, 노력을 적게 하면 6점을 받는다.

왼쪽 두 개의 막대그래프를 보자. 왼쪽 두 개의 막대그래프는 타고난 재능이 낮은 사람의 결과다. 그중 먹색은 노력을 적게 하는 사람을 나다내고, 녹색은 노력을 많이 하는 사람을 나타낸다. 결과를 보면 타고난 재능이 낮은 사람이 노력을 많이 하면 4점을 받고, 노력을 적게 하면 2점을 받는다.

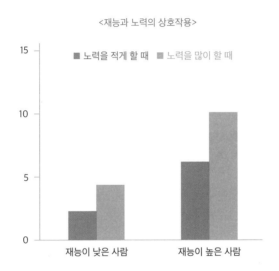

<재능과 노력의 상호작용>

① 노력의 주효과: 노력은 성과를 높이는가

먼저 노력의 영향력부터 살펴보자. 노력을 많이 하는 사람은 녹색으로, 노력을 적게 하는 사람은 먹색으로 표시했다. 타고난 재능이 높을 때와 낮을 때를 합쳤을 때 평균적으로 노력을 많이 하는 사람은 7점(10점과 4점의 평균)으로, 노력을 적게 하는 사람의 4점(6점과 2점의 평균)보다 성과가 3점 더 높다. 노력의 주효과가 존재하는 것이다.

타고난 재능을 고려해도 결과는 같다. 타고난 재능이 낮을 때도 노력을 많이 하는 사람은 4점으로, 노력을 적게 하는 사람의 2점보다 성과가 2점 더 높다. 타고난 재능이 높을 때도, 노력을 많이 하는 사람은 10점으로 노력을 적게 하는 사람인 6점보다 성과가 4점 더 높다.

정리해보면 타고난 재능과 상관없이 노력을 많이 하는 사람이 노력을 적게 하는 사람보다 항상 성과가 더 높다. 노력의 주효과가 분명히 존재하는 것이다. 많은 사람이 노력의 힘을 믿는 이유이며, 많은 연구에서 밝혀진 공공연한 사실이다.

② 재능의 주효과: 재능은 성과를 높이는가

재능의 영향력도 살펴보자. 노력을 많이 할 때와 적게 할 때를 합쳤을 때 평균적으로 타고난 재능이 높은 사람은 8점(10점과 6점의 평균)으로, 재능이 낮은 사람의 3점(4점과 2점의 평균)보다 성과가 5점 더 높다. 노력을 따로 고려해도 결과는 같다. 노력을 적게 할 때도 재능이 높은 사람은 6점으로, 재능이 낮은 사람의

2점보다 성과가 4점 더 높다. 노력을 많이 할 때도 재능이 높은 사람은 10점으로, 재능이 낮은 사람의 4점보다 성과가 6점 더 높다.

즉 노력의 양과 상관없이 재능이 높은 사람이 재능이 낮은 사람보다 성과가 더 높다. 재능의 주효과가 존재하는 것이다. 많은 사람이 타고난 재능의 힘을 믿는 이유이며, 이 또한 많은 연구에서 밝혀진 공공연한 사실이다.

잭 햄브릭 교수가 노력-재능 상호작용 효과의 개념을 이용해 주목하는 부분은, 노력의 영향력이 재능에 따라 큰 차이를 보인다는 부분이다. 타고난 재능이 높은 사람은 노력을 적게 하면 6점에 머무르지만, 노력을 많이 하면 4점이나 크게 향상되어 10점까지 올라갈 수 있다.

하지만 타고난 재능이 낮은 사람은 노력을 적게 하면 2점에 머무르다가, 노력을 많이 해도 고작 2점 향상된 4점까지밖에 되지 않는다. 쉽게 말하면 같은 시간과 노력을 투자하더라도 결과적으로 타고난 재능에 따라 큰 차이를 보인다는 것이다. 타고난 재능이 높은 사람은 노력을 통해 4점이라는 높은 향상을 가져오지만, 타고난 재능이 낮은 사람은 노력해도 2점의 향상밖에 가져오지 못한다.

이렇게 노력의 효과가 타고난 재능에 따라 달라지는 것을

'노력-재능 상호작용' 효과라고 한다. 다르게 표현하면 타고난 재능이 높은 사람은 노력하면 10점까지 결과를 낼 수 있지만, 타고난 재능이 낮은 사람은 노력해도 4점까지밖에 결과를 낼 수 없다. 타고난 재능이 낮은 사람에게 노력의 효과가 없는 것은 아니지만, 타고난 재능이 높은 사람과 비교하면 효과의 크기는 50퍼센트밖에 되지 않는다.

같은 시간 노력해도
안 되는 것

A와 B, 두 명의 학생이 5시간 동안 책을 읽으며 공부한 뒤 시험을 치른다고 하자. 그런데 A학생은 공부 재능이 높고, B학생은 공부 재능이 낮다. 5시간이라는 같은 시간과 노력을 투자하고 시험을 치렀을 때 A학생과 B학생의 성적이 같을까? 노력-재능 상호작용 효과에 의하면 절대 그렇지 않다. A학생의 성적이 훨씬 더 높을 것이다. 노력의 효과는 타고난 공부 재능에 따라 달라질 수밖에 없고, 결국 높은 재능을 가진 학생이 훨씬 더 높은 성적을 얻는 것이다. 같은 양의 노력을 했음에도 불구하고 말이다.

그러니 '하여튼, 노력하면 되는 거 아냐?'라는 반문은 반은 맞고 반은 틀린 이야기다. 노력의 주효과에서 확인할 수 있듯이 노력하면 노력하지 않을 때보다 더 잘하는 것은 분명히 맞지만, 노력했을 때 나타나는 효과는 타고난 재능이 높은 친구에게서 훨씬 강하게 나타나기 때문이다. 그래서 무조건 노력한다고 해서 모두가 잘할 수 있다는 결론을 내릴 수는 없다.

이 때문에 재능이 낮은 친구가 재능이 높은 친구를 이기기 위해서는 몇 배로 노력해야 한다. 우리는 이런 노력을 재능이 낮은 친구들에게 요구한다. 노력 신봉 공화국에서는 일상적인 일이다. 약간 슬프고 안타까운 현실이다. 그런데 우리의 이런 요구는 현실에서 이뤄지기 쉽지 않다. 아니, 이뤄질 수가 없다. 타고난 재능이 높은 친구들이 노력하지 않고 매일 자고 논다면 가능할 수도 있겠지만, 그 친구는 절대 그렇게 자고 놀지 않는다.

앞서 '재능-노력 연관성' 개념에서 설명했듯이 타고난 재능이 높은 친구는 그렇지 않은 친구에 비해 현실에서 훨씬 더 열심히 노력한다. 그래서 타고난 재능이 낮은 친구가 노력해서 타고난 재능이 높은 친구를 이기기는 거의 불가능에 가깝다. 결론적으로 재능이 노력을 압승하는 두 번째 이유는 노력의 효과가 재능이 높은 사람에게서 훨씬 더 강하게 나타나기 때문이다.

'나도 너처럼
수학 잘하면 좋겠다!'

딸이 중3이고 아들이 중1일 때 이야기다. 딸과 아들을 학원에 데려다주느라 운전을 하고 있을 때였다. 딸이 뒷자리에 앉아 계속 수학 문제를 풀고 있었다. 딸은 다른 과목에 비해 수학이 조금 약했다. 아들은 어렸을 때부터 수학을 잘했다. 중3인 딸이 중1인 아들에게 수학 문제를 물어보는 상황이 종종 연출되기도 했다. 딸이 차 안에서 동생에게 물었다. "야, 이 문제 어떻게 푸는지 알아? 나 여기 있는 20문제 어제 새벽 4시까지 풀었는데 다 못 풀었어. 너무 어려워. 학원 도착 전까지 다 풀어야 하는데, 야, 너 알면 푸는 방법 좀 빨리 알려줘!"

그때 아들이 문제를 보며 말했다. "누나! 누나는 수학 정석 안 봐? 이 문제는 생각과 논리를 요구하는 문제가 아니고 그냥 공식만 알면 되는 문제야. 내가 풀어줄게." 그러더니 아들은 한 문제를 30초 만에 풀었다. 20문제 정도면 20~30분이면 다 풀 수 있을 것 같다고 했다. 살짝 허세가 섞인 말이라는 걸 알면서도 딸이 혼잣말하듯 작은 목소리로 중얼거렸다. "어제 밤새도록 푼 문젠데…."

아들과 딸의 이야기를 듣고 있자니 웃기면서도 말로 표현할 수 없는 안타까움이 함께 왔다. 딸의 마음을 생각하니 마음이 아팠다. 물론 1년 선행 과정의 수학 문제를 풀고 있어서 어렵기도 했겠지만, 분명한 사실은 딸은 수학을 조금 힘들어했다. 하지만 아들은 수학을 잘했다. "나도 너처럼 수학 잘하면 좋겠다"라는 말이 딸의 입에서 흘러나왔다. 그 말이 나를 더 아프게 했다. 딸의 마음고생과 아픔이 느껴졌기 때문이다. 열심히 수학 공부를 했지만, 딸의 수학 성적은 노력한 것만큼 좋지 못했다.

의도적 연습을 한다면
결과가 달라질 수 있을까

이쯤 되면 또 하나의 반박이 재탕된다. 앞의 인터뷰 기사에서 봤던 것처럼 안데르스 에릭슨 교수는 단순한 연습이 아니고 '의도적 연습'을 해야 한다고 주장했다. 그의 주장을 지지하는 학자들 역시 의도적 연습을 하면 누구든지 최고 수준의 결과를 얻을 수 있고, 전문가가 될 수 있다고 주장한다. 의도적 연습을 안 했기 때문에 노력의 효과를 보지 못한다는 것이다. 의도적 연습이란 단순한 연습이 아니라, 목표와 열정을 가지고 교수와 같은 전문적인 사람에게 체계적인 훈련을 꾸준히 받으며 부족한 부분을 고쳐나가는 연습을 의미한다.

안데르스 에릭슨 교수를 인터뷰했던 기자가 날카롭게 지적하기도 했지만, 이런 훈련을 과연 누가 받을 수 있겠는가? 이런 훈련은 아무나 받을 수 있는 것이 아니다. 그래서 안데르스 에릭슨 교수의 주장은 비현실적이다. 그런데도 그런 훈련을 받는다고 가정해보자. 타고난 재능과 상관없이 의도적 연습을 하면 모두가 최고의 성과를 낼 수 있을까?

잭 햄브릭 교수는 2019년 《하이 어빌리티 스터디High Ability Studies》라는 국제적인 학술지에 이 문제를 다룬 논문을 발표했다. 그는 "의도적 연습을 하면 타고난 재능의 차이는 힘을 잃게 되고 누구나 최고 수준의 성과를 낼 수 있다"라는 주장에 대해 그렇지 않다고 반박했다. 재능이 있는 사람과 재능이 없는 사람이 똑같이 의도적 연습을 하면 누가 더 좋은 성과를 낼까? 재능이 있는 사람일까? 재능이 없는 사람일까? 아니면 재능과 상관없이 모든 사람이 똑같이 좋은 성과를 낼 수 있을까?

잭 햄브릭 교수는 기존 연구 자료를 재분석하며 높은 재능을 가진 사람이 훨씬 더 높은 성과를 낸다는 것을 발견했다. 의도적 연습의 수혜자도 높은 재능을 가진 사람이었다. 의도적 연습의 혜택은 재능이 높은 사람과 낮은 사람에게 공평하게 주어지지 않는다. 조금만 생각해봐도 상식적인 수준에서 이해할 수 있는 결과다. 당연하지 않겠는가. 재능이 있는 사람이 전문적으로 훈련받을 때와 재능이 없는 사람이 전문적으로 훈련받을 때 어떻게 그 결과가 같을 수 있겠는가.

노력하지 않으면
재능은 빛을 보지 못할까

 그럼에도 불구하고 '그래도 어차피 노력해야 하는 거 아닌가? 아무리 재능이 있어도 노력하지 않으면 과연 성과가 좋을까?'라고 반박할 수 있다. 하지만 잭 햄브릭 교수는 2015년 논문에서 한 가지 연구 결과를 더 소개하며 노력 신봉자들을 아프게 했다.

 잭 햄브릭 교수는 노력하지 않아도 재능이 있으면 성과가 높은지 궁금했다. '재능이 있든 없든 어차피 노력해야 하는 건 똑같은 것 아닌가?'라는 질문에 답하기 위해서다. 다르게 이야기하면 타고난 재능이 있는 친구들의 성과가 훨씬 좋은 것은 사실이지만, 그 이유가 '타고난 재능이 있는 친구들이 더 많이 노력했기 때문'인지, 아니면 '노력과 상관없이' 타고난 재능 때문인지 알고 싶었다. 더 쉽게 설명하면 수학에서 높은 점수를 받은 이유는 두 가지일 수 있는데, 첫째는 타고난 수학적 재능이 있기 때문이고, 둘째는 수학적 재능을 기반으로 더 많은 노력을 했기 때문이다. 이 두 가지 중 어떤 것이 더 주요 원인일까?

구체적으로 높은 재능을 기반으로 노력했기 때문에 높은 성과를 얻은 경우가 몇 퍼센트인지 조사했다. 연구 결과는 25퍼센트였다. 이 수치는 무엇을 뜻할까? 재능있는 사람들이 성과가 좋은 이유 중에서 재능을 기반으로 노력을 많이 했기 때문인 경우는 25퍼센트밖에 되지 않았다는 것이다. 그럼 나머지 75퍼센트는 무엇일까? 재능이 있는 사람들은 노력 없이도 높은 성과가 나올 확률이 75퍼센트라는 말이다.

공부에 재능이 있는 학생이 공부를 잘하는 이유의 25퍼센트는 그런 학생이 공부를 열심히 하기 때문이고, 75퍼센트는 노력과 아무런 상관없이 그냥 똑똑해서 공부를 잘한다는 뜻이다. 더 현실적으로 말하면 똑똑한 학생이 공부를 잘하는 대부분의 이유는 열심히 공부해서가 아니고, 그냥 똑똑해서 잘한다는 것이다.

사람들은 공부를 잘하는 친구들이 열심히 공부하는 것을 목격하고, 공부 잘하는 이유가 '열심히 노력했기 때문'이라고 생각하지만, 사실은 공부를 잘하는 것의 75퍼센트 이유는 노력과 전혀 상관없이 그냥 똑똑해서 공부를 잘하는 것이다.

앞 장에서는 '재능-노력 연관성'에 대해, 이번 장에서는 '재능-노력 상호작용' 효과에 대해 이야기하며, 재능이 있는 사람들이 열심히 노력하는 사람들보다 훨씬 더 높은 성과를 내는 이유를 논의했다. 재능이 있는 사람이 훨씬 더 많이 노력하고, 또한 재능이 있는 사람들이 하는 노력이 훨씬 더 효과적이라는 것이다. 하지만 더 냉정하게 이야기하면 이 두 가지 이유는 재능이 있는 사람들이 더 높은 성과를 내는 이유의 25퍼센트밖에 설명하지 못한다. 나머지 75퍼센트는 노력이라는 이유조차 필요치 않다. 그냥 재능 있는 사람들이 노력하지 않고도 성과가 훨씬 더 높은 것이다.

노력하지 않아도 성공할 수 있을까

TV를 보다 보면 진행자들이 초대손님으로 나온 연예인에게 "어떻게 그렇게 날씬하세요? 평상시에 어떻게 관리하는지 비법 좀 알려주세요"라는 질문을 하고, 날씬한 연예인은 나름 여러 가지 비법을 공개하며 이야기를 이어간다. 이 질문과 답에는 암묵적으로 노력하면 살을 뺄 수 있다는 가정이 담겨 있다. 과연 노력하면 살을 뺄 수 있을까? 살을 못 빼는 것은 최선의 노력을 다하지 못했기 때문일까?

열심히 노력한 사람이 살을 빼고, 그렇지 않은 사람이 실패하는 것을 보면 당연히 노력하면 살을 뺄 수 있다고 생각할 수 있다. 하지만 조금만 관심을 가지고 살펴보면 노력이 주요인이 아니라는 것을 쉽게 알 수 있다.

극단적인 다이어트를 하면 결국 체중이 줄긴 하겠지만 몹시 어려운 일이다. 그런 다이어트를 얼마나 오래 할 수 있을지, 그리고 얼마나 오랫동안 그 줄어든 몸무게를 유지할 수 있을지가 관건이다.

의지가 강한 사람이면 결혼식과 같은 특정한 날을 위해 단기간에 체중 감량을 할 수도 있다. 하지만 그 몸무게를 장기간 유지하기란 절대 쉽지 않다. 쉬운 일이라면 어느 누가 뚱뚱한 몸을 가지고 살아가겠는가. 그런데 역설적으로 운동하지 않아도 살이 안 찌는 사람도 수없이 많다. 사실 거의 다 그런 경우다. 타고난 체질과 체형 그리고 신진대사 정도가 엄청난 영향을 미치기 때문이다.

다이어트에 대한
열정과 노력

누군가는 이렇게 반박할 것이다. 키는 어렵지만, 몸무게는 노력으로 얼마든지 바꿀 수 있다고 말이다. 노력으로 날씬한 몸매를 만들 수도 있고, 유지할 수도 있다고 말한다. 하지만 이 주장은 설득력이 매우 낮다. 주위를 살펴보면 금방 답이 나온다. 이론적으로는 가능하지만, 현실적으로는 거의 불가능에 가깝다.

과체중인 사람 중에 살을 빼고 싶지 않은 사람이 어디 있겠는가? 정상 체중인 사람도 좀 더 날씬한 몸매를 가지고 싶어 난리인데 과체중인 사람은 말해 뭐하겠는가. 하지만 슬픈 사실은 그런 노력과 운동에도 불구하고 대부분의 사람은 평생 비슷한 몸무게와 몸매를 가지고 살아간다는 점이다. 나이가 들어가면서 조금씩 살이 찌는 일반적인 경향을 제외하고는 대부분은 비슷한 체형과 몸무게로 살아간다.

많은 사람이 다이어트에 목숨을 건다. 다이어트가 삶의 목표이자 생활 자체인 경우도 많다. 고등학교를 졸업하고 난 후부터 다이어트를 시작하고 중단하기를 평생 반복하는 사람도 있다. 물론 중간에 포기하는 사람이 많지만 대부분은 다시 다이어트를 시작한다. 하지만 목표한 만큼 몸무게를 줄이는 것은 상당히 어렵다. 큰 병에 걸리거나 특수한 상황에 놓인 사람이 아니면 장기적으로 몸무게가 바뀌는 일은 거의 없다.

다이어트를 시도하는 사람 중 몇 퍼센트가 성공할까? 100명이 시도하면 90명은 바로 실패한다. 그래도 열 명이 성공했으니 노력하면 되는 것 아니냐고 되물을 수 있다. 이분들은 '요요현상'이 뭔지 모르는 사람이다. 성공한 열 명은 단기적으로 성공했을 뿐이다. 그들을 기다리고 있는 것은 요요현상이다. 단기적으로 성공한 열 명 역시 시간이 좀 지나면 아홉 명은 원래의 모습으로 돌아간다. 더 정확하게 이야기하면 몸무게가 다이어트 전보다 더 늘어난다. 요요현상의 현실이다. 결론적으로 100명 중한 명도 장기적으로 성공하기 어렵다. 눈물 나는 노력을 한다면 단기적으로 성공할 수 있다. 하지만 장기적으로 성공하기는 어렵다.

노력이 생물학적 본능(체형, 체질, 식욕)을 이길 수 없기 때문이다. 다이어트 실패는 인간의 노력이 인간의 본능을 이길 수 없음을 보여주는 가장 명백한 예시다. 주위에 날씬한 사람들이 많다. 열심히 관찰해보라. 모르겠거든 물어보라. 어떻게 그렇게 날씬한 몸매를 가질 수 있냐고. 그 사람들이 항상 살을 빼려고 피나는 노력을 하는지 꼭 물어보기 바란다. 대부분은 특별한 노

노력과 재능의 끝없는 대결
–
137

력을 하지 않는다. 그렇다고 운동을 열심히 하는 것도 아니다. 그냥 날씬하다. 태어날 때부터 날씬하고 특별한 일이 없는 한 죽을 때까지 날씬할 것이다.

유전과 몸무게

대부분의 날씬한 사람들은 운동을 해서 날씬해진 것이 아니다. 그냥 태어날 때부터 날씬한 것이다. 사람들은 날씬한 사람들을 보면서 건강 관리와 식단 관리를 잘하고 엄청난 노력을 할 것이라고 오해한다. 왜냐하면 표면적으로 보면 날씬한 사람들은 많이 먹지 않기 때문이다. 날씬한 사람이 많이 먹지 않는 것은 엄연한 사실이다. 하지만 노력해서 적게 먹는 것이 아니고, 별로 많이 먹고 싶지 않아서 적게 먹는 것뿐이다. 식욕이 그렇게 많지 않기 때문이다. 원래 그렇게 태어난 것이다. 노력을 많이 해서 그렇게 된 것이 절대 아니다.

반대로 사람들은 뚱뚱한 사람들을 상대로 건강 관리와 식단 관리를 잘하지 못하고 게으를 것이라고 생각한다. 왜냐하면 표면적으로 뚱뚱한 사람들은 많이 먹기 때문이다. 뚱뚱한 사람들이 많이 먹는 것은 어느 정도 사실이다. 그러나 노력하지 않아서 뚱뚱한 것은 아니다. 계속 강조하지만 뚱뚱한 사람들은 누구보다 살을 빼고 싶고 건강한 식단과 운동으로 날씬한 몸을 만들고 싶어 한다. 그 마음만큼은 누구에게도 뒤지지 않을 것이다. 하지만 이런 사람들은 체질적으로 많이 먹을 수밖에 없고, 또한 식욕도 좋다. 그래서 뚱뚱한 것이다.

다시 한번 말하지만 날씬한 사람이 적게 먹고, 뚱뚱한 사람이 많이 먹는 것은 사실이다. 그러나 이 현상을 기초로 날씬한 사람은 날씬한 몸을 유지하기 위해 엄청나게 노력하고, 뚱뚱한 사람은 전혀 노력하지 않는 게으른 사람이라고 믿는 것은 잘못된 생각이다. 노력의 문제가 아니기 때문이다. 본능과 생물학적인 차이일 뿐이다.

날씬한 사람은 날씬하게 태어났을 뿐만 아니라, 체질적으로 식탐이 적어 많이 먹지도 않는다. 뚱뚱한 사람은 뚱뚱하게 태어났고, 체질적으로 많이 먹을 수밖에 없다. 날씬한 사람은 적게 먹기 위해 노력할 필요가 없지만, 뚱뚱한 사람은 먹고 싶지만 먹지 않기 위해 엄청나게 노력해야 한다. 노력만 놓고 따지자면 뚱뚱한 사람이 날씬한 사람보다 훨씬 더 많이 한다.

하지만 본능적으로 먹고 싶은 욕구를 노력으로 억제하기란 거의 불가능에 가깝다. 이미 처음부터 공평한 게임이 아닌 셈이다.

열심히 운동하는 사람들

　미국에서 살 때의 일이다. 집 근처에 아주 큰 호수가 있었는데 오후 3시만 되면 사람들이 호숫가를 뛰기 시작했다. 오후 6시 정도까지는 사람들이 아주 많았다. 조깅 코스가 약 5~6킬로미터 정도 되었던 것 같은데 하루 평균 400~500명 정도가 그곳에서 조깅을 했다. 나도 가능하면 매일 그 코스를 뛰었는데 그러면서 발견한 흥미로운 사실 하나가 있다.

　내가 운동할 때마다 보는 사람은 거의 95퍼센트 같은 사람이었고, 매일 5퍼센트 정도의 사람만 바뀌었다. 그런데 재미있는 사실은 매일 보는 95퍼센트의 사람들은 대부분 날씬했다. 내가 판단하기에는 운동하지 않아도 될 정도의 몸을 가지고 있는 사람들만 조깅을 하는 것 같았다. 물론 건강을 위해 운동을 하겠지만 적어도 살을 빼려고 운동하는 사람들 같지는 않았다. 운동하지 않아도 될 정도를 넘어 대부분 몸매가 훌륭했다. 그런 사람들이 주로 조깅을 했다.

　매일 새로운 사람이었던 5퍼센트는 운동을 열심히 해서 몸무게를 줄이려는 사람들이었다. 그런데 이들은 매번 그날 하루만 보이고 대부분 다음 날은 보이지 않았다. 이 5퍼센트의 사람들은 다른 95퍼센트의 사람들과 달랐다. 운동화도 새것, 양말도 새것, 운동복도 새것인 느낌을 지울 수가 없었다. 아마 굳은 결심을 하고 운동복과 운동화를 사서 운동을 시작했을 것이다. 그렇지만 안타깝게도 그들은 다음 날에는 대부분 보이지 않았다.

똑같은 이야기다. 날씬한 사람들은 운동을 많이 하는 것처럼 보이고, 뚱뚱한 사람들은 운동을 거의 하지 않는 것처럼 보인다. 이것은 부분적으로 사실이다. 하지만 조금 더 자세하게 내막을 살펴보면 날씬한 사람들은 운동으로 날씬해진 것이 아니고, 그냥 운동을 좋아하는 것뿐이다. 날씬한 사람들이 뚱뚱한 사람보다 운동을 좋아할 확률이 훨씬 높다. 날씬할수록 운동을 좋아하고 덜 먹는다. 뚱뚱할수록 운동을 좋아하지 않고 더 많이 먹을 확률이 높다. 뚱뚱한 사람은 운동하지 않아서 뚱뚱해진 것이 아니고, 뚱뚱해서 운동하지 않는 것이다. 원인과 결과를 혼동하면 안 된다.

재능-노력 연관성에 대한 이야기를 상기해보자. 특정한 분야에 재능이 높고 타고난 능력이 있는 사람들은 그 분야에서 열심히 노력하게 된다. 노력해서 그 분야의 능력을 갖춘 것이 아니라 능력을 갖추었기 때문에 그 분야에서 자연스럽게 노력하는 것이다. 얼핏 표면적으로 보면 노력을 많이 해서 전문성을 갖춘 것 같지만 실상은 그렇지 않다. 공부에 재능이 있으니 공부를 열심히 하게 되는 것이다. 공부에 재능이 없으면 공부를 열심히 하지 않게 된다.

날씬한 사람은 음식을 많이 먹지 않는 것이 아주 쉬운 일이다. 더 정확하게 이야기하면 그들은 많이 먹고 싶은 생각이 없다. 반면에 뚱뚱한 사람은 음식을 적게 먹는 것이 몹시 어려운 일이다. 식욕의 정도가 다르기 때문이다. 날씬한 사람은 운동하기가 쉽고 재미있을 수 있지만, 뚱뚱한 사람은 운동하기가 쉽지 않고 그래서 싫어할 수 있다. 이런 과정을 거쳐 날씬한 사람은 계속 더 날씬한 몸을 유지하게 되고, 뚱뚱한 사람은 뚱뚱한 몸을 유지하는 것이다.

노력과 체질의 승부

노력이 먼저인가, 아니면 체질이 먼저인가? 타고난 체질이 먼저다. 타고난 체질이 날씬하면 운동하지 않아도 평생 날씬할 뿐만 아니라, 이런 사람들은 운동을 좋아할 확률이 높고, 운동을 하면 계속 더 날씬해진다. 반대로 뚱뚱한 몸을 가지고 태어난 사람은 운동과 상관없이 계속 뚱뚱할 확률이 엄청 높을 뿐만 아니라, 이런 사람들은 운동하기 싫어할 확률도 높고 억지로 운동을 해도 효과가 잘 나타나지 않는다. 그래서 설상가상으로 계속 뚱뚱할 확률이 높다.

피상적인 행동과 결과만 보면 뚱뚱한 사람들은 자기관리를 못하고 노력하지 않아 뚱뚱한 것처럼 보이지만 그런 평가와 비판은 정당하지 않다. 그럴 수밖에 없는 이유가 있기 때문이며, 그것은 바로 타고난 체질이다. 우리가 타고난 체질을 비판하고 정죄하는 것은 정당하다고 생각하지 않는다. 스스로 통제하거나 선택할 수 없는 부분이기 때문이다.

사실 어려운 설명이 필요 없다. 이미 다 아는 사실이다. 노력 신봉 공화국에 살고 있으므로 노력을 과대 맹신하고 과장할 뿐이다. 내가 잘 아는 한 어르신은 평생 120킬로그램이 넘는 몸무게로 사셨다. 지금은 돌아가셨지만 내가 어렸을 때부터 본 그분의 모습은 한결같았다. 그런데 그분의 아들 역시 키만 좀 더 컸지 몸무게와 몸의 형태는 놀라울 정도로 아버지와 같았다. 최근에 그분의 20대 손자를 만났는데 정말 내 눈을 의심할 정도로 몸무게와 몸의 형태가 아버지와 똑같은 것을 목격했다.

이런 현상이 어디 나만 비밀스럽게 아는 사실이겠는가. 그냥 엄마와 아빠로부터 물려받는 부분이다. 이런 상황에서 노력, 자기조절, 게으름, 동기, 열정을 논한다는 것은 말도 안 되는 소리다. 모든 사람이 경험하는 다이어트의 무한 반복 실패는 노력이 유전과 타고난 체질을 이길 수 없다는 것을 가장 극명하게 보여주는 예시다. 그런데도 노력 신봉 공화국에서는 이 간단하고 도 명확한 진실을 받아들이고 싶어 하지 않는다. 노력하면 살을 뺄 수 있다고 믿기 때문이다.

체계적인 다이어트 프로그램은 성공할 수 있을까

개인의 의지로는 다이어트에 성공하기 어렵다. 그래서 연예인들이나 여유가 있는 사람들은 체계적으로 식단을 관리해 주는 전문 프로그램에 의지해 다이어트를 한다. 다이어트 성공 확률을 올리려는 심산이다. 이런 프로그램에 의지하면 과연 다 이어트에 성공할 수 있을까?

저명한 미국 심리학회지 《아메리칸 사이콜로지스트Amercian Psychologist》에 발표된 연구 결과가 있다. 미국 캘리포니아대학 교 로스앤젤레스(UCLA) 심리학과 교수 트레이시 맨Traci Mann 과 동료들이 2007년 '체계적인 다이어트 프로그램의 효과'에 대한 31개의 연구를 종합적으로 분석한 이 논문은 지금까지 1,447번 인용될 정도로 학계에 큰 반향을 일으켰다. 핵심 연구 질문은 '체계적인 다이어트 프로그램을 이용하면 살이 빠질까?'이다.

예상했겠지만 연구 결과는 '절대 아니오!'다. 트레이시 맨 교수와 동료들은 "체계적인 다이어트 프로그램을 통해 단기적으로는(첫 6개월 정도) 평균 5~10퍼센트의 감량에 성공하지만, 장기적으로는 원래 몸무게로 돌아오는 것을 넘어 오히려 살이 더 찐다"라는 결과를 발표했다.

논문에서 인용한 한 연구에 의하면 비만한 사람들이 다이어트 프로그램을 통해 감량에 성공했다 할지라도 2년 안에 23퍼센트의 사람이 다이어트 전보다 몸무게가 더 나갔고, 2년 이상이 되면 83퍼센트의 사람이 살이 더 쪘다고 한다. 전문적이고 체계적인 다이어트 프로그램으로 단기간 감량에는 성공했다 할지라도 말이다. 장기적으로 그런 효과를 기대하는 것은 사실 불가능에 가깝다. 다이어트를 하기 전으로만 돌아가는 것이 아니라 살을 빼기 전보다 더 살이 찐다니 무슨 말을 더하겠는가. 해봐야 쓸모없는 일인 정도가 아니라 오히려 하면 할수록 훨씬 더 손해가 난다는 것이다.

체계적인 다이어트 프로그램이 끝나고 4년 후까지 추적한 14개의 연구를 분석한 결과를 보면, 평균적으로 41퍼센트의 사람이 다이어트 전보다 살이 더 쪘다고 한다. 연구마다 결과가 조금씩 다르기는 하지만 살이 더 찐 사람의 수가 가장 적게 나타난 연구에서는 29퍼센트였고, 가장 많이 나타난 연구에서는

64퍼센트가 더 쪘다고 한다. 재미있게도 저자는 체계적인 다이어트 프로그램의 효과를 논할 때 가장 핵심은 얼마나 살을 뺐는가가 아니라 얼마나 많이 쪘는가가 이슈였다고 보고한다.

더 충격적인 연구 결과는 '누가 살이 더 찔까?'에 관한 것이었다. 글로벌 공중보건 컨설팅 회사인 JSI 연구소 JSI Research & Training Institute, Inc.의 연구원 유제니 코클리 Eugenie Coakley 와 동료들은 40~75세의 건강한 남성 1만 9,478명을 대상으로 1988~1992년까지 4년 동안 추적 관찰하며 누가 살이 찌는지를 조사했다. 가장 흥미로운 결과 중 하나는 연구가 시작되기 전에 '다이어트를 통해 감량에 성공한 경험'이 있는 사람이 4년의 연구 기간 중 살이 찔 확률이 가장 높았다는 것이다. 이 연구 결과가 의미하는 것은 무엇일까? 다이어트를 하면 장기적으로 다이어트를 아예 하지 않는 사람에 비해 살이 더 찔 확률이 훨씬 높다는 것이다. 요요현상을 피할 수 없기 때문이다. 차라리 안 하느니만 못한 결과가 나온 것이다.

트레이시 맨 교수는 좀 더 직설적으로 이야기한다. 그에 따르면 차라리 다이어트를 안 하는 것이 체중 감량에 훨씬 도움이 된다고 주장한다. 다이어트에 성공했다 하더라도 시간이 좀 지나면 다이어트를 하지 않은 사람보다 더 살이 찔 확률이 확연히 높기 때문이다. 더 나아가 트레이시 맨 교수는 다이어트가 오히려 체중을 증가시키는 것 외에도 반복적으로 했을 경우 건강에 악영향을 끼칠 수 있다고 주장한다. 심장질환, 심근경색증, 뇌졸중, 비만, 고비중지단백-콜레스테롤, 혈압 관련 질병, 면역 관련 질병 등으로 사망 확률이 더 높아진다고 말한다. 식이요법을 통해 억지로 살이 빠졌다가 다시 찌는 현상이 반복되면서 몸에 엄청난 부담을 주기 때문이다.

"다이어트는 성공하기도 어렵고, 단기적으로 성공해도 장기적으로는 살이 더 찔 수 있으며, 반복된 다이어트 시도와 실패는 건강에 치명적인 결과를 초래할 수 있다"는 이 연구 결과가 의미하는 것은 무엇일까? 타고난 체질과 유전적 특질들을 인간의 노력으로 바꾸는 것은 거의 불가능에 가깝다는 말이다.

물론 위의 논문에서 언급한 연구들은 식이요법으로 다이어트를 한 경우가 대부분이다. 식사량 조절로 몸무게를 줄이려는 인간의 노력은 타고난 체질 앞에서 무너질 수밖에 없다. 물론 트레이시 맨 교수는 꾸준한 운동을 통한 다이어트가 훨씬 더 효과적일 수 있음을 주장하기도 했다. 건강상의 문제로 체중을 감량해야 하는 사람이 있다면 그런 사람은 적절한 운동과 식이요법을 병행해야 한다고 주장했다. 특별히 체계적이고 꾸준한 운동을 동반한다면 장기적인 감량에 성공할 확률도 높일 수 있을 것이다.

하지만 현실에서는 운동으로 체중을 감량하는 것 또한 쉬운 일이 아니다. 항간에 떠도는 우스갯소리 중에 운동을 열심히 하면 '건강한 돼지'가 된다는 말도 있다. 체계적인 운동을 강조하는 전문가가 많지만, 체계적으로 운동하기도 어렵고 운동의 효과도 한계가 있다. 처음에는 체중이 줄다가도 비슷한 수준으로 운동을 하면 몸이 금방 적응해버려 더는 효과가 없게 되고, 운동량을 줄이면 바로 원래의 몸무게로 돌아가기 때문이다. 신비로울 정도다. 중요한 것은 음식 섭취도 덜 해야 하는데 단기간도 아니고 장기간 체질과 본능을 이겨가며 음식 섭취를 줄이는 것은 거의 불가능하다. 체질을 바꿔야 하는데 그게 어디 쉬운 일이겠는가.

이 연구는 타고난 체질 앞에서 인간의 노력이 얼마나 미약한지를 보여준다. TV와 영화에서는 노력으로 선천적인 조건들을 극복한 사람들의 이야기가 쏟아지지만, 현실에서는 경험하기 어려운 일이다. 그래서 역설적으로 그런 이야기가 TV와 영화에 등장하는 것이고, 그런 이야기를 보고 들으면서 사람들이 감동하는 것이다. 당연히 쉽게 극복할 수 있는 일이라면 TV나 영화에서 주제로 삼지도 않을 것이다. '노력하면 몸무게쯤이야' 하는 생각은 노력 신봉 공화국에 사는 사람들의 현실성 없는 믿음이며 희망일 뿐이다.

뒤에서 자세히 이야기하겠지만 노력의 가치를 깎아내리는 것이 이 장의 목적이 아니다. 노력 신봉 공화국에서는 과도하게 노력을 유일신으로 숭배한다는 것을 지적하고 싶을 뿐이다. 이런 신념과 믿음이 우리 사회를 더욱더 병들게 할 수 있고, 사회 구성원을 아프게 할 수 있다는 것을 이야기하고 싶을 뿐이다.

04
관점 ③
– 노력이란 무엇인가

_ 부모들은 중고등학생인 자녀에게 공부하라는 말을 과연 몇 번이나 할까? 하루에 한 번만 해도 6년이면 2,000번이 넘는다. 왜 수천 번을 이야기하는 것일까? 매일 이야기해도 듣지 않기 때문이다. 듣지 않는 것이 아니라 들을 수 없는 것이다. 노력은 타고나는 자기조절 능력의 일종이기 때문이다.

IQ, 재능, 환경을 뛰어넘는 열정적 끈기는 존재할까

2016년 어느 날이었다. 미국 펜실베이니아대학교 심리학과 앤절라 더크워스^{Angela Duckworth} 교수에게 연락이 왔다. 책을 한 권 썼는데 나에게 꼭 주고 싶어서 한국으로 보낸다는 것이었다. 그 책은 바로『그릿: IQ, 재능, 환경을 뛰어넘는 열정적 끈기의 힘』이었다. 많은 사람이 알고 있듯이 이 책은 출판 후 전 세계 35개국에서 500만 권 이상 팔린 베스트셀러 중의 베스트셀러다. 우리나라에서 역시 베스트셀러가 되었고 지금도 많은 사람에게 회자되는 책이다. '그릿^{grit}'은 '열정적인 끈기'로 해석된다.

나는 2010년부터 2012년까지 펜실베이니아대학교에 속한 긍정심리학센터Positive Psychology Center에서 앤절라 더크워스 교수와 함께 일했다. 그때 그는 조교수 신분이었고 나는 박사 후 연구원postdoctoral research fellow이었다. 함께 연구도 하고 연구실도 바로 옆방인데다 참 좋은 사람이기도 해서 친하게 지냈다. 한마디로 그를 정의하라면 '쿨'한 사람이라고 말할 수 있다. 합리적이고, 깔끔하고, 시원시원하고, 앞과 뒤가 분명하고, 그러면서도 친절했다. 주말에는 그의 가족들과 함께 같은 연구센터에 있던 폴 로진Paul Rozin 교수 집을 방문해 온종일 놀기도 했다. 그당시 앤절라 더크워스 교수는 '열정적 끈기'라 불리는 그릿에 대해 한창 연구 중이었고, 대학원생들과 논문도 열심히 쓰고 있었다.

그의 책은 나에게 많은 생각을 하게 했다. 안데르스 에릭슨 교수의 주장이 잭 햄브릭 교수에 의해 반박당한 지 2년도 지나지 않아 출판된 책이기 때문이다. '또다시 노력인가?' 하는 생각을 지울 수가 없었다. 노력의 당당한 귀환이었다. 앤절라 더크워스 교수는 본인이 직접 수행한 연구와 주변의 예시를 이용해 성공을 '끝까지 해내는 것'으로 정의했다. 많은 예시 중에 가장 대표적인 것은 뉴욕주 웨스트포인트라는 도시에 있는 미국 육군사관학교 생도들을 대상으로 한 연구였다. 내가 그를 처음

만났을 때도 이 학교 생도들을 대상으로 연구가 진행되고 있었고, 모집한 데이터로 연구 협업을 제안하기도 했었다.

미국에서 육군사관학교에 입학하는 것은 하늘의 별 따기처럼 어렵다. 2019년 통계치를 보면 합격률이 11.5퍼센트다. 미국 육군사관학교에 지원하는 학생들의 실력이 이미 전교 최상위권임을 고려하면 상상을 초월하는 경쟁률이다. 아이비리그 학교와 비교해도 손색이 없을 정도다. 입학사정관은 최고의 엘리트 학생을 뽑기 위해 다양한 평가 지표로 구성된 '종합전형점수'를 이용한다. 평가 지표에는 SAT 점수, 고등학교 전교 석차(내신 성적), 체력 평가 점수, 지도와 통솔력 점수 등이 포함된다.

그런데 최고의 '종합전형점수'를 얻어 학교에 입학하는 학생들은 기쁨의 순간도 잠깐 '야수의 막사 Beast Barracks'로 불리는 6주 반의 잔혹한 훈련을 맞이하게 된다. 이 훈련이 얼마나 가혹하고 힘들었으면 '야수의 막사'로 불렸겠는가. 이 훈련은 인간의 신체적, 정신적, 정서적 한계를 시험하는 훈련으로 가혹한 환경에서의 생존 가능성을 테스트한다.

재미있는 현상은 많은 학생이 6주 반의 훈련을 통과하지 못하고 학교를 그만둔다는 것이다. 그렇게 힘들게 학교에 입학했음에도 불구하고 말이다. 앤절라 더크워스 교수는 어떤 학생들이 훈련을 통과하지 못하고 학교를 그만두었는지를 연구했다. 그는 끈기와 열정을 측정하는 그릿 문항을 만들었다. 예를 들면 '나는 무엇이든 시작한 일은 반드시 끝낸다', '좌절은 나를 막지 못한다', '나는 부지런하고 절대 포기하지 않는다' 등의 문항이다. 그리고 2004년에 미국 육군사관학교에 입학한 생도 1,218명을 대상으로 그릿 척도를 이용해 각 생도의 그릿 점수를 계산하고, 어떤 생도들이 6주 반의 훈련을 견디지 못하고 중도 탈락하는지를 살폈다.

몇 가지 중요한 결과를 얻었는데 첫째는, 훈련을 통과한 학생과 통과하지 못한 학생은 종합전형점수에서 차이가 없었다. 즉 종합전형점수가 좋은 것과 훈련을 통과하는 것은 아무런 관계가 없었다. 앤절라 더크워스 교수는 이 연구 결과를 바탕으로 "SAT 점수, 고등학교 석차, 리더십 경험, 운동 실력, 그 어느 것도 중요하지 않다"라고 말했다. 인지적인 능력도 아니고, 체력적인 능력도 아니고, 리더십 능력도 아니라는 것이다. 누가 잔혹한 훈련에서 살아남을 수 있을지를 조사했기 때문에 신체적 혹은 체력적 능력의 차이가 중도 탈락을 결정지을 수 있을 것으로 예측하지만, 그것도 아니었다. 즉 성공할지 실패할지는 그 어떤 재능과도 관련이 없다는 것이다.

그러면 무엇이 중도 탈락을 결정지었을까? 그것은 그릿이었다. 그릿 점수가 높은 생도들은 훈련을 통과했고, 그렇지 않은 생도들은 중도 포기하며 학교를 그만두었다. 성공과 실패의 갈림길은 다름 아닌 '끈질긴 노력과 열정'에 있는 것이었다. 누가 끝까지 포기하지 않고 버티는지가 가장 중요했다. 이를 기초로 앤절라 더크워스 교수는 IQ, 재능, 환경을 뛰어넘는 열정적인 끈기의 힘이 성공의 열쇠임을 주장했다.

'그릿'에 대한
학계의 신랄한 비판

이런 연구 결과는 많은 대중을 흥분의 도가니로 몰아넣었다. 이 책이 출판되자마자 수많은 정계와 유명 인사들이 극찬을 쏟아냈다. 수많은 독자에게 사랑받는 것은 당연했다. 500만 권의 책이 판매되었으니 그 인기를 충분히 가늠할 수 있다.

하지만 학계에서는 사정이 사뭇 달랐다. 안데르스 에릭슨 교수가 학계에서 받은 비판은 새 발의 피 수준이었다. 앤절라 더크워스 교수는 학계의 수많은 비판과 지적에 시달려야 했고, 결국 수많은 비판을 인정하고 받아들일 수밖에 없었다. 아마 그릿이라는 개념이 대중 사이에서 엄청난 인기를 누렸기 때문에 더 많은 관심과 집중을 받았던 것 같다.

그릿의 척도를 잘못 구성해 연구 결과를 신뢰할 수 없다는 연구 방법론적인 측면에서의 공격을 제외하고도(연구 방법론적인 측면에서 연구 결과를 신뢰할 수 없다는 반박은 연구자로서는 조금 창피한 일이다) 앤절라 더크워스 교수의 주장은 몇 개의 치명적인 단점과 한계를 담고 있었다.

첫 번째 결점은 그릿이 다른 학자들의 후속 연구에서 학생들의 성적을 예측하지 못했다는 점이다. 그의 주장이 사실이라면 그릿의 효과가 다른 연구가들에 의해 쉽게 발견되고 재현되어야 하는데 안타깝게도 그렇지 못했다. 종종 후속 연구에서 비슷한 연구 결과가 나오기도 했지만, 그 효과는 아주 미미했다. 그 효과가 얼마나 작은지 그 결과에 특별한 의미를 부여하기에는 앤절라 더크워스 교수의 주장이 부끄러울 정도였다.

한마디로 정리하면 열정과 끈기를 가지고 최선의 노력을 다하는 학생들이 그렇지 않은 학생들에 비해 공부를 더 잘한다는 결과를 찾지 못한 것이다. 나중에 더 이야기하겠지만 이 결과는 아주 치명적인 단점이기도 하고 이 책의 주요 메시지이기도 하다. 그가 주장하는 내용의 핵심은 끈질기게 열정을 가지고 노력하면 누구나 성공할 수 있다는 것인데 현실에서는 그런 현상이 전혀 발견되지 않았다. 끈질기게 노력해도 성공하지 못할 수 있고, 더 정확하게 이야기하면 끈질기게 노력하는 것과 성공은 별

관계가 없는 경우가 많았다. 그렇게 열광했던 내용이 사실이 아닐 수 있다는 것은 대중에게 또 다른 충격을 선사했다.

위의 결점만으로도 더 이상의 논의가 무의미하겠지만, 더 심각한 결점은 그가 주장하는 그릿이 성격 특성 중의 하나인 '성실성(근면성)'과 구분하기 어려울 정도로 비슷하다는 점이다. 그릿 척도의 문항들을 자세히 보면 그릿이 성격 특성인 성실성과 깊은 관계를 맺고 있다는 것을 누구나 쉽게 파악할 수 있다. 더 직설적으로 이야기하면 그가 주장하는 그릿은 새로운 개념이 아니고, 그냥 성격적 특성인 성실성을 뜻하는 것이다.

그릿을 이용한 후속 연구의 결과를 보면 그릿은 성격 특성인 성실성과 통계적으로도 높은 상관이 있었다. 앤절라 더크워스 교수가 공격받은 가장 큰 이유 중 하나는 기존 연구들이 이미 밝혀낸 성실성의 긍정적 효과를 그릿이라는 이름으로 재포장한 것뿐이고, 성실한 사람이 성공할 확률이(공부를 잘할 확률이) 높다는 것은 일반인들도 이미 다 아는 사실이었기 때문이다.

그래서 학자들은 후속 연구를 통해 성실성이 예측하는 것과는 별도로 그릿이 학생들의 학업 성적을 차별적으로 예측하는지 살펴보았다. 예상대로 성실성은 학업 성적을 강하게 예측했지만, 그릿은 학업 성적을 예측하지 못했다. 쉽게 이야기하면 앤절라 더크워스 교수의 연구 결과와 주장은 그릿에 기초를 두었다기보다 성실성에 기초를 두었던 것이다. 그는 이 문제로 학자로서의 체면을 완전히 구겼다. 학자는 기존에 밝혀내지 못했던 사실을 밝혀내는 것이 사명이고 직업이기 때문이다.

'성실'이든, '그릿'이든
그게 왜 문제야?

　일반인들은 도대체 그게 무슨 문제냐고 반문할 수 있다. 그릿이라는 단어를 사용하든 성실성이라는 단어를 사용하든 뭐가 중요하겠는가. 어차피 핵심 메시지는 '죽도록 포기하지 않고 열심히 노력하면 성공할 수 있다는 것'이니 매한가지가 아니냐고 생각할 수 있다. 이 논리만 성립한다면 현실적으로는 아무런 문제가 없다는 것이다. 하지만 그렇게 간단하지 않다. 여기에는 위에서 이야기했던 두 가지 문제보다 훨씬 더 심각한 문제가 숨어 있다.

　그릿을 성실성이라고 정의하면 앤절라 더크워스 교수는 더 힘들어진다. 성실성은 성격 특성이기 때문이다. 성격 특성이라는 것이 이 논쟁에 어떤 문제를 일으킬까? 성격은 타고나는 유전적 특질을 이야기하는 것이고, 그래서 성격은 잘 변하지 않는 특성이 있다. 우리가 성격을 어떻게 바꾸겠는가. '사람은 변하면 죽는다'라는 말이 있을 정도로 사람의 성격이 바뀌는 것은 거의 불가능에 가까운 일이다.

누구나 자기 자신도 마음에 들지 않는 성격이 한두 가지씩 있다. 그리고 그것들을 바꾸고 싶어 한다. 하지만 나는 지금까지 성격을 바꾼 사람을 한 명도 보지 못했다. 잠시 동안은 바꾼 척할 수도 있고, 바꾸려고 노력할 수도 있다. 하지만 진짜 바꾸기는 어렵다.

앤절라 더크워스 교수의 핵심 주장은 무엇일까? 포기하지 말고 열정을 가지고 끈기 있게 노력하라는 말이다. 그런데 '포기하지 말고 열정을 가지고 끈기 있게 노력하는 것'이 사실상 성격적 성실성과 같은 것이라면 그의 외침은 의미를 상실해버린다. 왜냐하면 보통사람들은 그가 권유하는 그릿을 쉽게 가질 수 없기 때문이다. 어떤 사람은 태어날 때부터 아주 높은 성실성을 가지고 태어나고, 어떤 사람은 그렇지 못하다.

주위를 살펴보면 성실한 사람도 있고 게으른 사람도 있다. 우리는 게으른 사람을 비판하며 성실하게 살 것을 주문하고 강요하기도 한다. 도덕적 잣대를 들이대면서까지 말이다. 하지만 이런 권유와 강요 그리고 비판은 현실에서 사실상 큰 의미가 없다는 것을 세상을 좀 살아본 사람이라면 다 안다. 그렇게 강요한다고 해서 게으른 사람이 성실하게 사는 것도 아니며, 더 정확하게 이야기하면 성실하게 살 수 없기 때문이다. 성실성은 노력으로 만들어지는 것이기보다 타고나는 것이라고 보는 쪽이 훨씬 더 과학적이고 합리적이기 때문이다.

그래서 학자들은 단도직입적으로 묻는다. '당신이 말하는 그 그릿은 훈련을 통해 개발할 수 있나요?', '혹시 그릿은 가지고 태어나는 것이 아닌가요?' 앤절라 더크워스 교수가 학계에서나 대중을 상대로 강연할 때 가장 많이 듣는 질문 중 하나다. 사실 이 질문에 대한 명쾌한 답을 하지 못한다면 실용적인 측면에서 그의 주장은 별 의미가 없다. 그릿이 성공에 치명적인 역할을 하는 것이 사실이라 할지라도 그릿을 훈련으로 향상시키거나 노력으로 발전시킬 수 없다면 그게 무슨 의미가 있겠는가.

학자들 역시 그릿의 실효성에 대해 의문을 품는다. '포기하지 않고 끈기 있게 죽도록 노력한다면 성공할 수도 있겠죠. 쉽게 포기하는 사람들보다는 훨씬 확률이 높겠죠. 그 부분에는 아무런 의심이 없어요. 그런데 대부분의 사람이 그렇게 할 수 있는 건가요? 특별히 그릿이 성실성과 아주 높은 상관이 있다면 회의적일 수밖에 없는 것 아닌가요?'라고 반문하는 것은 당연한 반응이다.

'그릿'은 타고나는 것인가, 훈련하는 것인가

앤절라 더크워스 교수는 본인이 수행한 연구뿐 아니라 각 분야에서 성공한 사람들을 심층 분석했다. 그리고 그들이 성공할 수 있었던 것은 재능이 아니라 포기하지 않고 끊임없이 노력하는 데에 있다고 강조했다.

그가 예시로 이용한 사람 중 한 명은 최고의 음악인이자 영화배우인 윌 스미스Will Smith였다. 우리에게도 영화 〈나쁜 녀석들〉이나 〈맨 인 블랙〉 등으로 잘 알려진 미국 최고의 영화배우다. 앤절라 더크워스 교수는 책에서 다음과 같은 윌 스미스의 말을 인용했다.

내가 특별한 재능이 있다고 생각해본 적이 한 번도 없습니다. 내가 남보다 나은 점이 있다면 어리석고 지독해 보일 정도의 근면성을 가진 것입니다. 내가 남들과 확실히 다른 점이 있다면 러닝머신 위에서 죽는 것도 두려워하지 않는 자세뿐입니다. 나보다 운동을 많이 하는 사람은 없을 겁니다. 물론 나보다 재능이 많은 사람, 똑똑한 사람, 성적 매력이 넘치는 사람들이 있겠죠. 그 모든 면에서 나보다 나은 사람도 있을 거고 나보다 아홉 가지가 나은 사람도 있을 것입니다. 하지만 나와 함께 러닝머신에 올라간다면 그 사람이 먼저 기권하거나 내가 죽거나 둘 중 하나입니다. 정말로요.

이 말을 듣는 순간 내 머릿속은 복잡해졌다. 누가 윌 스미스처럼 러닝머신 위에서 달릴 수 있을까? 내가 노력하면 윌 스미스처럼 달릴 수 있을까? 나는 윌 스미스의 말을 믿는다. 아마 대부분의 사람은 러닝머신 위에서 윌 스미스를 이길 수 없을 것이다. '그 사람이 먼저 기권하거나 내가 죽거나'라고 말하는데 누가 윌 스미스를 이기겠는가.

앤절라 더크워스 교수는 윌 스미스의 말을 인용하며 열정을 가지고 끈질기게 노력하는 것이 성공의 열쇠라고 주장했지만, 이것은 노력의 차원도 아니고 열정의 차원도 아니다. 그냥 윌 스미스는 러닝머신 위에서 끈기 있게 달리는 능력을 갖추고 있다고 보는 것이 훨씬 더 합리적이다. 윌 스미스 본인 역시 스스로 '근면성'이라는 단어를 썼다. 근면성은 선천적인 성격적 특성이다. 정확하게 인용된 말을 살펴보면 '지독해 보일 정도의 근면성을 가진 것'이라고 했다. 그는 그런 능력을 갖추고 있는 것이다.

마라톤 선수를 생각해보자. 윌 스미스가 그렇게 자랑하는 달리기 실력을 마라톤 선수와 비교하면 어떨까. 내가 추측건대 마라톤 선수의 뒤꿈치도 따라가지 못할 것이다. 윌 스미스의 말하는 태도를 보면 42킬로미터를 완주하는 데는 문제가 없을 수도 있을 것 같다. 사실 마라톤 완주가 보통사람에게는 엄청 힘든 일이기 때문에 윌 스미스가 완주할 수 있을지 100퍼센트 확신하지는 못하겠다. 그렇더라도 보통사람들은 대부분 몇 킬로미터 뛰다가 포기하겠지만 윌 스미스는 완주할 것 같다. 그리고 보통사람보다 훨씬 빨리 결승점을 통과할 것이다. 하지만 마라톤을 전문으로 하는 선수에 비하면 윌 스미스는 아마추어일 것이다. 왜? 마라톤 선수는 윌 스미스보다 훨씬 더 뛰어난 지구력과 끈기, 신체적 능력을 갖추고 있기 때문이다.

열정적 끈기와 유전의 관계

그렇다면 그릿과 유전의 관계를 알아보자. 의식적이든 무의식적이든 앤절라 더크워스 교수와 노력 신봉자들은 그릿과 유전은 반대 개념이며 서로 독립적인 주체라고 생각한다. 유전과 그릿은 완전히 다른 것이어서 서로 아무런 관계가 없을 것이라고 생각한다. 유전적으로 타고난 능력과 자질이 없어도 죽도록 노력하면 성공할 수 있다고 믿기 때문이다.

그릿이 선천적인 것인지, 아니면 훈련을 통해 길러지는 것인지가 이 문제의 핵심이고 관건이다. 다행스럽게 그릿과 유전의 관계를 알아본 연구가 있다. 앤절라 더크워스 교수가 책에서 인용한 '2,000명의 쌍둥이 연구'에 의하면 끈기의 그릿과 유전율의 상관관계는 0.61 정도 된다. 설명량으로 환산하면 37퍼센트 정도다. 즉 사람들 간의 그릿 점수 차이는 37퍼센트 정도가 유전으로 설명된다는 것이다.

통계와 사회과학을 잘 모르는 사람은 0.61이라는 상관관계 수치가 작게 보일지도 모르겠다. 하지만 0.61 정도는 사회과학에서 찾기 어려울 정도로 높은 상관관계다. 학계에서는 0.10을 작은 상관관계라고 하고, 0.30은 보통 크기의 상관관계라고 하며, 0.50은 큰 상관관계라고 한다.

사회과학에서는 0.50을 넘어가는 상관관계를 발견하기 어렵다. 가장 큰 상관관계 중의 하나는 IQ와 성적의 관계다. 똑똑한 친구가 공부를 잘하는 것은 너무나도 당연한 현상이다. 거의 사실처럼 받아들여진다. 그래서 공부 잘하는 학생을 보면 '야, 너 똑똑하구나!'라고 말한다. 공부 잘하는 것과 똑똑한 것을 같은 것으로 인식하는 것을 보면, IQ와 성적은 엄청난 상관이 있는 것이다.

그러면 IQ와 성적의 상관관계는 얼마나 될까? 수많은 연구에 의하면 0.50에서 0.70 정도다. 평균적으로 이야기하면 0.60 정도로, 그릿과 유전의 상관관계와 똑같은 수치다. 이 정도면 얼마나 큰 상관관계인지 상상할 수 있다. 혹자는 앤절라 더크워스 교수처럼 그릿의 37퍼센트가 유전으로 설명되면 나머지 63퍼센트는 유전이 아닌 다른 것으로 설명된다는 말이니, 37퍼센트는 적은 수치 아니냐고 반문할 수 있다. 물론 그렇게 생각할 수 있다. 하지만 나머지 63퍼센트는 수많은, 아니 수백 가지 변수에 의해 설명되는 것이다. 포기하지 않고 끈기 있게 노력하는 이유가 수백, 수천 가지일 수 있다. 그중의 하나가 유전이다. 수백, 수천 가지 이유 중 단 하나의 변수로 37퍼센트를 설명할 수 있는 것은 유전밖에 없다. 이런 측면에서 보면 유전의 영향력은 수천 가지 이유 중 가장 강력하다.

한 예로, 키와 몸무게는 어떤 상관관계를 가질 것 같은가? 키가 큰 사람이 몸무게가 많이 나갈 확률이 높다. 물론 아닌 예도 있다. 키는 큰데 아주 많이 마른 사람도 있고, 키는 작은데 아주 비만한 사람도 있기 때문이다. 여자의 경우는 이 두 변인 간의 상관관계가 0.30 정도 되고, 남자의 경우는 0.40에서 0.50 정도 된다. 키와 몸무게의 관계보다 그릿과 유전의 관계가 더 센 것이다.

결론이 뭘까? 그릿은 선천적인 측면이 강하다. 훈련으로 키울 수도 있겠지만 현실적으로 쉽지 않다. 그래서 많은 학자가 그릿의 실용성과 의미에 의구심을 품는 것이다. 엄밀하게 이야기하면 '그릿이 높으면 공부를 잘할 수 있다'라고 말하는 것은 '똑똑하면 공부를 잘할 수 있다'라고 말하는 것과 예측력 관점에서 같은 논리다. 당연하지 않겠는가, 똑똑하면 공부를 잘하는 것은.

하지만 이 말의 문제는 똑똑해지는 방법을 알려주고 있지 않다는 것이다. 왜? 방법이 없기 때문이다. 똑똑함은 선천적인 것이어서 노력으로 똑똑해지지 않는다. 그릿도 마찬가지다. 그릿을 노력이라고 포장하고, 일견 그렇게 보이는 것도 사실이다. 그래서 사람들은 그릿에 열광하고 용기를 얻으며 열심히 살 것을 맹세하는지도 모른다. 하지만 그릿은 단순히 성격적 특성인 근면과 성실성을 뜻한다. 그래서 그릿을 쉽게 향상시킬 수 없다. 그릿은 유전이기 때문이다.

노력하면 다 잘할 수 있을 것이라 믿으며 노력하는 사람이 많다. 그러나 아무나 노력할 수 있는 것이 아니다. 노력하는 것 자체가 이미 타고난 능력이고 재능이다. 좀 더 전문적으로 이야기하면, 노력은 타고난 자기조절 능력이다. 그래서 최선의 노력을 다하라고 주문하는 것이 현실에서는 큰 의미가 없다. 이것이 노력이 재능을 이길 수 없는 세 번째 이유다. 좀 더 냉정하게 이야기하면 이미 노력도 재능과 같은 편이고 같은 부류다.

노력은 근본적으로 자기조절 능력이다

'포기하지 말고 열정을 가지고 끈기 있게 노력하는 것'은 타고난 성격적 특질이다. 그래서 타고난 똑똑함처럼 이런 특질은 능력이다. 특별히 성실성과 깊은 관련이 있으므로 이 특질은 자기조절 능력이다. 주위에서 보면 무슨 일을 하든 최선의 노력을 다하며 열심히 하는 사람이 있고, 무슨 일을 하든 열심히 하지 않는 사람이 있다. 사람들은 열심히 하지 않는 사람이 실패하는 것을 보며 혀를 찬다. 실패의 책임을 당연히 게으른 사람에게 돌린다. 공부도 마찬가지다. 공부를 잘하지 못하고 좋은 대학에 합격하지 못하는 것은 본인이 책임져야 한다고 생각한다. 열심히 노력하지 않았기 때문이다.

하지만 좀 더 면밀하게 살펴보면 그들에게 모든 책임을 전가하기에는 불편한 점이 있다. 노력은 자기조절 능력의 일종이기 때문이다. 집중해서 끈질기게 끝까지 물고 늘어지며 열심히 하는 것이 노력이고, 이것은 타고난 능력이고 재능이다. 말이 쉽지 열심히 노력하고 싶다고 해서 모든 사람이 할 수 있는 것이 아니다. 노력 신봉 공화국에서 살다 보니 그렇게 믿는 것뿐이다. 남들 눈에는 그냥 게을러빠진 인간일지 모른다. 사실 게으른 인간이 맞긴 하다.

하지만 집중해서 끈질기게 버티며 포기하지 않고 끝까지 노력하는 것이 마음만 먹으면 누구나 할 수 있는 일이 결코 아니다. 누구에게는 어렵지 않은 일일 수 있지만, 다른 누구에게는 불가능에 가까운 일이다. 선천적으로 갖고 태어나는 능력이기 때문이다. 그래서 앤절라 더크워스 교수의 주장은 큰 의미가 없다. 집중해서 끈질기게 끝까지 물고 늘어지면 성공할 수 있는 확률이 조금 올라갈 수 있을지 모르겠지만 누구나 그렇게 할 수 있는 것이 아니다.

어떤 친구는 3시간을 움직이지 않고 집중하며 공부할 수 있지만, 이떤 친구는 30분은커녕 10분도 채 앉아 있지 못한다. 이것은 타고난 능력이기 때문이다. 많은 학생이 책상에 계속 앉아는 있지만 실제로 공부하는 시간에는 엄청난 차이가 있다. 수많은 교사가 학생들에게 집중하라고 강조한다. 왜 강조할까? 역설적으로 집중을 못하기 때문이다. 온갖 생각들을 내려놓고 한 가지에만 집중하는 것은 엄청나게 어려운 일이다. 인지적인 자원을 많이 써야 하고 육체적으로도 상당히 피곤한 작업이다. 그래서 우리는 오랜 시간 동안 집중할 수 없다. 그것을 능력이라고 부르는 이유이기도 하다.

좀 더 정직하게 이야기하면 노력하지 않는 것이 아니라 노력할 수 없는 것이다. 중고등학생을 자녀로 둔 어머니가 자녀에게 공부하라는 말을 과연 몇 번이나 할까? 수백 번? 수천 번? 하루에 한 번만 이야기해도 6년이면 2,000번이 넘는다. 대충 이야기하는 것이 아니라 세상에서 가장 간절한 부모의 마음을 담아 왜 공부를 열심히 해야 하는지 설명하는 때도 허다하다. 왜 수천 번을 이야기하는 것일까? 매일 이야기해도 듣지 않기 때문이다. 듣지 않는 것이 아니라 들을 수 없는 것이다.

처지를 바꿔 생각해보면 그런 이야기를 듣는 자녀들은 열심히 공부하고 싶지 않을까? 이 세상 누가 공부를 잘하고 싶지 않겠는가. 모두 다 열심히 노력해서 공부를 잘하고 싶을 것이다. 부모의 마음보다 더 간절할 것이다. 하지만 마음은 마음일 뿐이다. 진짜로 열심히 공부하는 것은 몹시 어려운 일이다. 행동으로 노력하는 것은 아무나 할 수 있는 일이 아니다. 노력은 그냥 쉽게 변하지 않는 성실함의 다른 표현일 뿐이고 재능의 다른 이름일 뿐이다.

05
관점 ④
– 경쟁과 시간의 벽

_ 인생의 중요한 일은 대부분 시간적 한계가 있다. 암묵적으로 정해진 시간 내에 성과를 내야 하는 현실 속에서 무조건 노력한다고 해서 성공할 수 있는 것이 아니다. 그럼 누가 성공할까? 시간을 정해놓고 대부분의 사람이 최선의 노력을 다하면 누가 성공할까? 답은 정해져 있다.

경쟁은
노력을 무력화한다

교수님, 저는 이번 학기 대학원 입시에 지원했던 OOO입니다. 교수님의 조언을 듣고 싶어 실례를 무릅쓰고 연락드렸습니다. 제 입학지원서, 학업계획서, 성적표 등을 확인하시고 평가하셨으니 저에 대해 잘 아실 거라 믿습니다. 혹시 제가 왜 떨어졌는지 알 수 있을까요? 어떤 피드백도 저에게 큰 도움이 될 것 같고, 교수님의 피드백을 참고해 다음 입시에는 더 잘 준비해 지원해보고 싶습니다. 제가 어떤 점이 부족한지 정말 알고 싶습니다. 제 나름대로는 열심히 준비했고 성적도 뛰어나며 대학원 공부를 시작할 수 있게 체계적으로 준비를 잘했다고 생각했습니다. 제 이메일 읽어주셔서 감사합니다. 교수님의 연락을 기다리겠습니다. OOO 드림.

대학원 입시가 끝나면 이런 종류의 이메일을 많이 받는다. 교수에게 쓰는 이메일이니 나름 예의를 갖춰 쓰려고 노력했지만 나는 한눈에 지원자가 어떤 마음과 생각으로 나에게 이메일을 보냈는지 알 수 있다. 불합격한 이유를 알고 싶어서이기도 하겠지만, 자신이 불합격했다는 사실에 마음이 상한 것이다. 충분히 합격할 만한데 왜 떨어졌는지 도저히 납득할 수 없기 때문이다. 이런 지원자들의 서류를 다시 살펴보면 그들이 주장하는 것이 사실임을 쉽게 알 수 있다. 학부 성적도 뛰어나고, 학업 계획서도 잘 썼다. 영어 성적도 높다. 연구 경험도 있다. 그 정도 실력이면 대학원에서 무난하게 학업을 수행할 것 같다는 생각도 든다.

그런데 그런 학생들이 놓치는 것이 하나 있다. 그것은 다름 아닌 '그런 학생들보다 더 훌륭하고 더 잘 준비된 학생들이 있다'라는 사실이다. 다름 아닌 경쟁이 있다는 사실이다. 다른 지원자보다 더 뛰어나야 합격할 수 있는 것이다. 열심히 노력해 훌륭하게 잘 준비했다고 해서 무조건 대학원에 합격할 수 있는 것은 아니다. 대학원에서 뽑는 학생 수는 정해져 있다. 학과마다 사정이 다르겠지만 보통 한 교수가 한 학기에 한 명 혹은 두 명 정도를 뽑을 수 있다. 다르게 말하면 지원한 학생 중 1등 혹은 2등이 되어야 합격할 수 있다.

학부 성적이 문제가 아닐 수 있고, 경험과 경력의 문제가 아닐 수 있다. 물론 이런 조건이 훌륭하면 합격 확률을 높일 수 있겠지만, 결정적인 사항은 다른 지원자보다 더 뛰어나야 한다는 것이다. 반대로 말하면 이론적으로는 학점이 높지 않아도, 연구 경력이 많지 않아도 합격할 수 있다. 다른 지원자들보다 경쟁력이 높기만 하면 된다. 이것이 경쟁 구조의 핵심이다.

대학원 입학을 준비하면서 열심히 노력하지 않은 학생이 얼마나 있겠는가. 그런데 가장 노력을 많이 한 학생이 뽑히는 구조가 아니다. 가장 실력이 출중한 학생이 뽑히는 것이다. 학교 입시에만 해당하는 규칙이 아니다. 우리 사회의 전반적인 구조는 대부분 경쟁을 기초로 한다. 모든 합격과 불합격은 경쟁을 기초로 설계되어 있고, 누군가가 합격하면 다른 누군가는 반드시 불합격하는 구조다. 그리고 사람들이 합격하고 싶어 하는 곳은 대부분 엄청난 경쟁률이 기다리고 있다. 누구든 다 좋은 곳에 가고 싶어 하기 때문이다. 좋지 않은 곳은 상대적으로 경쟁률이 낮다. 경쟁이 치열한 곳에서는 실력과 상관없이 대부분의 사람이 불합격한다. 노력의 문제가 아니다. 경쟁이라는 현실이 있기 때문이다.

'인서울' 대학 합격하기

요즘 '인서울in Seoul' 대학이 언론에서 주목받고 있다. 인서울 대학 중에서도 15개의 대학에 합격하는 것을 목표로 삼는 학생들이 많다. 대학교의 첫 자만 따서 '서연고/서성한/중경외시/건동홍/이숙'이라고 부른다. 서울대, 연세대, 고려대, 서강대, 성균관대, 한양대, 중앙대, 경희대, 외대, 시립대, 건국대, 동국대, 홍익대, 이화여대, 숙명여대를 뜻한다. 예전에는 서울대, 연세대, 고려대를 명문대로 불렀지만, 요즘에는 경쟁이 너무 치열해 15개 대학을 모두 명문대라고 부른다.

2020년 기준으로 수능에 지원하는 학생 수는 55만 명 정도다. 고3 재학생이 40만 명 정도, 졸업생과 검정고시를 본 학생이 15만 명 정도 된다. 서울의 15위권 대학에서 모집하는 학생

수는 약 4만 5,000명 수준이다. 그래서 이 15개 대학교에 합격할 수 있는 확률은 8퍼센트 정도다. 수시와 정시를 모두 합쳤을 때 이런 경쟁률이 나온다. 만약 수능으로 입학하는 정시만 따진다면 전국 3퍼센트 안에 들어야 서울의 15위권 대학에 합격할 수 있다. 서울에 있는 주요 대학의 정시 비율이 30퍼센트 정도 되기 때문이다.

하여튼 정시와 수시를 다 합쳐 열 명 중 한 명도 서울에 있는 15개의 대학에 합격하기 어렵다. 후하게 계산해도 열 명 중 한 명이 합격할 수 있다. 절대 쉬운 합격률이 아니다. 불가능한 수준은 아니지만, 충분히 포기하고 싶은 수준이다. 서울대, 연세대, 고려대에 합격할 확률은 1.6퍼센트다. 100명 중에 한두 명만 합격할 수 있다.

한 가지 잊으면 안 되는 사실은, 아무리 노력하고 애써도 서울의 15위권 대학에 합격할 수 있는 확률은 8퍼센트라는 것이다. 모든 학생이 뼈가 굳고 엉덩이가 짓무를 때까지 노력해도 변하지 않는 사실은 8퍼센트만 합격할 수 있다. 노력하면 누구나 다 갈 수 있는 대학이 아니다.

노력만 신봉할 수 없는 가장 큰 이유 중 하나는 성공과 실패의 시장에서 항상 경쟁이라는 현실이 있다는 것이다. 만약 경쟁이 없고, 특정한 점수를 받았을 때 모두 합격하는 구조라면 상황은 달라질 수 있다. 이런 경우라면 노력이 큰 의미를 지닌다. 수능에서 전 과목 평균 90점 이상이면 서울에 있는 15개 대학에 모두 합격하고, 전 과목 평균 97점 이상이면 서울대, 연세대, 고려대에 모두 합격한다면 노력이 의미가 있다. 남들의 성적과 상관없이 본인만 잘하면 되기 때문이다. 하지만 현실은 그렇지 않다. 우리 사회는 경쟁이라는 제도를 바탕으로 운영된다.

공무원 시험의 처절한 현실

　　공무원 시험도 마찬가지다. 최근에는 조금 약해진 경향이 있지만, 얼마 전까지만 해도 공무원 시험을 준비하는 수험생이 25만 명이니 30만 명이니 하는 말이 뉴스에 자주 등장했다. 수능을 준비하는 학생의 수가 55만 명인 것을 고려하면 취준생(취업준비생)의 50퍼센트가 공무원을 준비한다는 말과 같다. 잡코리아가 알바몬과 함께 2020년 10월에 조사한 결과에 의하면 대학생과 취준생의 37.4퍼센트가 공무원 시험을 준비하고 있다고 한다.

　　취준생들이 노량진에서 얼마나 열심히 공무원 시험을 준비하는지, 아는 사람은 모두 알 것이다. 어느 누가 감히 취준생들에게 "좀 더 노력해야 하지 않겠니?"라고 말할 수 있겠는가. 그들은 목숨 걸고 공부한다. 동기부여가 될 만한 글을 책상머리에 붙여두고, 힘들 때마다 성공한 사람들의 스토리를 유튜브로 시청하면서 죽을힘을 다해 노력한다. 1년 후 끝나는 게임이 아니다. 2년 후 끝나는 게임도 아닐 수 있다. 언제 끝날지 모른다는 사실이 공무원 시험 준비생들을 더 힘들게 한다.

　진짜 더 힘든 것은 끝까지 해도 영원히 합격하지 못할 수 있다는 사실이다. 성적이 좋으면 다 합격하는 절대평가 구조가 아니라 다른 경쟁자를 이겨야 하는 구조이기 때문이다. 뽑는 인원이 정해져 있는 상대평가를 기초로 합격과 불합격을 결정한다. 지원자가 많으면 많을수록 합격은 더 어려워진다. 경쟁이라는 현실이 있는 것이다. 끝까지 합격하지 못하는 사람이 합격하는 사람보다 훨씬 많다. 비교할 수 없을 정도로 많다. 좀 더 솔직하게 말하면 거의 다 불합격한다고 보면 된다.

　취준생의 반이 도전하는 공무원 시험에 합격할 확률은 수능을 부끄럽게 한다. 웬만한 직급과 직렬의 경쟁률은 50대 1부터 100대 1까지 기록한다. 아무리 열심히 해도 100명 중 한 명이 합격하거나 많이 합격하면 두 명 합격하는 꼴이다. 공무원 시험을 준비하는 사람이 얼마나 애절하고 간절한지는 우리 모두가 알고 있다. 눈물겹도록 열심히 노력한다. 25만 명의 청년들이 공무원 시험 합격을 위해 몇 년씩 눈물겹게 공부하는 나라가 우리나라 말고 또 어디 있을까 싶다.

노력이 성공의 유일신일 수 없는 이유는 간단하다. 경쟁에서 이겨야 성공하는 세상에 살고 있기 때문이다. 대부분의 성공은 경쟁에서 이겼을 때 의미가 생긴다. 대학 입학이든, 취업이든, 자영업이든, 영업이든, 판매든, 연봉 인상이든, 승진이든, 좋은 성적이든 모두 다 마찬가지다. 중요하고, 원하고, 간절히 찾는 자리들은 모두 높은 경쟁률을 뚫어야만 차지할 수 있다. 노력만으로는 절대 부족하다. 노력한다고 보장되는 자리가 아니다. 남을 이겨야만 차지할 수 있는 자리다.

모두가 열심히 노력하는 세상

'그래도 최선의 노력을 다하면 성공 확률은 높아지지 않을까?' 이렇게 질문할 수 있다. 노력이 유일신은 아닐지 모르지만, 그래도 최선의 노력을 다해야 성공 확률을 높일 수 있는 것이 아니겠느냐는 말이다.

노력 신봉 공화국에 살고 있지 않으면 그럴 수 있다. 하지만 역설적으로 노력 신봉 공화국에서는 그렇게 되기가 어렵다. 노력 신봉 공화국에서는 노력이 가치를 상실한다. 모두가 최선의 노력을 다하기 때문이다. 대부분의 사람이 최선의 노력을 하면 노력은 경쟁에서 우위를 점할 수 없게 된다.

예를 들어 A학생이 하루에 최대 12시간 공부하고, B학생도 하루에 최대 12시간 공부하면 노력은 의미가 없어진다. 수학적으로 계산하면 노력의 영향력은 정확하게 0이 된다. 경쟁에서 똑같은 위치에 서기 때문이다. A자영업자가 자정까지 영업하고, B자영업자도 자정까지 영업하면 둘 중 누구도 경쟁에서 우위를 점할 수 없다. 그냥 둘 다 죽도록 고생하는 것뿐이다. 핵심은 경쟁에서 이겨야 하는데, 모두가 최선의 노력을 다하면 노력은 의미가 없어지기 때문이다. A학생이 노력을 적게 하고 B학생이 노력을 많이 하면 상황은 달라진다. B학생은 노력의 효과를 볼 수 있다.

우리나라 고3 학생의 대부분이 죽도록 노력한다면 어떤 일이 벌어질까? 각 학생의 서울에 있는 15개 대학교 합격률이 올라갈까? 그렇지 않다. 안타깝지만 각 학생의 합격률은 여전히 8퍼센트로 변하지 않는다. '모두' 열심히 노력했기 때문이다. 모두 똑같이 열심히 노력하면 경쟁력은 변하지 않는다. 변하는 것이 있다면 그것은 시험 결과로 아파하고 신음하며 인생을 비관하는 학생들이 더 많아질 뿐이라는 사실이다. 최선의 노력을 다했기 때문이다. 노력할수록 아픔의 크기가 커지는 말도 안 되는 현상이 발생한다. 이것이 노력 신봉 공화국의 보이지 않는 현실이다.

입시 때만 되면 TV나 라디오에서 수험생들을 응원하는 목소리가 들린다. 모두가 다 잘되었으면 좋겠다는 응원이다. 진심이 담겨 있는 것도 알고, 용기를 주고 싶은 마음인 것도 안다. 나도 그랬으면 좋겠다. 그렇지만 응원은 응원일 뿐 모든 학생이 다 합격할 수는 없다. 그런 일은 이 세상에 절대 존재하지 않는다. 옆 친구가 시험을 잘 보면 나는 떨어져야 하는 구조다. 옆 친구가 시험을 못 보면 내가 합격할 확률이 높아진다. 이런 것을 경쟁이라고 하며, 우리가 사는 세상은 인정하든 아니든 경쟁이라는 시스템으로 운영된다.

그래서 노력 신봉 공화국에서는 경쟁에서 우위를 점하기 위해 모두가 최선의 노력을 다한다. 그런데 역설적으로 모두가 최선의 노력을 다하면 노력은 가치를 잃어버리고, 실패로 인한 우리의 고통은 더 커진다.

나를 포함한 소수의 사람만 최선의 노력을 다해야만 노력의 가치가 생기고 합격률도 높일 수 있다. 모든 사람이 다 같이 노력하면 노력의 의미가 없어진다. 그런데 앞서 살펴봤듯이 노력 신봉 공화국에서는 대부분의 사람이 최선의 노력을 다한다. 더 할 수 없을 정도로 모두가 열심히 산다.

노력 신봉 공화국의 역설

신기하게도 노력 신봉 공화국에서는 최선의 노력을 다하는 사람이 합격하는 것이 아니다. 노력 신봉 공화국에서는 오히려 재능이 합격을 좌우한다. 노력 신봉 공화국의 역설이다. 100대 1 혹은 50대 1의 공무원 시험 경쟁률을 누가 뚫을 수 있을까? 100명 중 적어도 98명은 떨어져야 하는 시험이다.

종종 합격한 사람들이 자신만의 공부법을 공개하며 수험생들의 동기를 올리려고 한다. 그들은 98명의 수험생보다 더 열심히 공부한 덕에 시험에 합격한 것일까? 특별한 공부 방법과 비법으로 합격한 것일까? 많은 사람이 그렇게 생각할 것이다. 하지만 나는 그렇게 생각하지 않는다. 물론 약간의 차이가 있을 수는 있지만 적어도 그것이 주원인이라고는 생각하지 않는다. 노력 신봉 공화국에서는 실패한 사람들도 성공한 사람들만큼 열심히 공부한다. 더 열심히 한 사람도 많다.

합격한 사실을 알고 난 뒤 사후적으로 그 성공 요인을 노력이라고 설명할 뿐이다. 결과가 발생하고, 그 결과를 설명하기 위해 만들어낸 이유가 노력인 것이다. 어차피 모두 열심히 노력했으니 성공했을 때 노력으로 성공을 설명하는 것은 아주 쉬운 일이다. 성공했으면 엄청난 노력을 했기 때문이고, 실패했으면 노력이 부족했기 때문이라고 믿는 것뿐이다. 모든 결과를 노력으로 설명한다. 적어도 노력 신봉 공화국인 우리나라에서는 그렇다. 하지만 그건 사실이 아니다. 노력 신봉 공화국에서는 대부분 열심히 노력한다.

노력 신봉 공화국에서 노력 말고 무엇으로 성공을 설명할 수 있겠는가. "나는 머리가 좋아서 합격한 것 같습니다." 이런 말을 할 수 있는 합격생이 있을까? 우리나라에서는 절대 그럴 수 없다. 우리는 노력으로 성공하는 나라에 살고 있고, 그런 나라여야만 하기 때문이다. 노력이 아닌 다른 것에 의해 성공과 실패가 결정되면 절대 안 되는 나라에 살고 있기 때문이다. 진짜 주원인은 재능이다. 똑같이 열심히 노력했기 때문에 합격과 불합격은 재능에서 결정난다.

공무원 시험 학원 강사로부터 "요즘 공무원 시험에 합격하는 사람 중에 '중경외시'를 졸업한 학생들이 많아요"라는 말을 들은 적이 있다. 공무원 시험은 많은 시간을 들여 무조건 다 외우면 된다고 생각하는 사람이 많지만, 사실 이 말은 몇 가지 측면에서 틀렸다. 공무원 시험 과목 중에 영어 과목이 있다. 수학 과목이 없는 것은 그나마 다행한 일이지만 말이다. 영어는 암기과목인 것 같기도 하고, 아닌 것 같기도 한 과목이다. 그래서 무조건 열심히 외운다고 영어 시험을 잘 볼 수 있는 것은 아니다.

수학보다는 조금 덜할 수 있겠지만 엄연히 어학적 재능과 인지적 능력이 시험에 영향을 미친다. 다른 말로 하면 '중경외시'에 합격할 정도의 똑똑한 학생들이 결국 공시에 쉽게 합격한다는 말이다.

수학 과목이 없는 대신에 영어 과목이 공무원 시험 합격을 좌우하는 상황으로 전락한 것이다. 노력의 양으로 공시의 합격이 정해지는 것으로 보이지만 결국 뜯어보면 결정적인 한 방은 똑똑함에 있다. 꼭 영어에만 해당하는 이야기가 아니다. 암기 과목도 마찬가지다. 열심히 공부해서 모두 다 암기하면 된다고 쉽게 말하지만, 누구나 그럴 수 있는 것이 아니다. 재능이 있는 취준생들이 훨씬 더 유리한 위치에 있는 것은 사실이다. 모두 열심히 한다면 합격과 실패를 좌우하는 것은 역설적으로 재능이다.

노력 신봉 공화국의
과도한 경쟁이 남긴 것

노력이 힘을 발휘하지 못하는 이유는 무엇일까? 재능이 노력을 압도하는 이유는 무엇일까? 노력한다고 누구나 성공할 수 있는 것이 아니다. 경쟁이라는 현실을 이겨야 하기 때문이다. 그래서 모두가 최선의 노력을 다한다. 노력 신봉 공화국에서는 더욱더 그렇다.

하지만 이런 태도와 행동은 역설적으로 노력의 힘을 무력화한다. 다 같이 최선의 노력을 다하기 때문에 노력이 설 자리가 없다. 그 자리를 재능이라는 놈이 장악해버린다. 노력이라는 놈은 죽을 고생만 하는 꼴이다. 그래서 노력 신봉 공화국에서는 역설적으로 노력이 아닌 재능이 압승한다.

유한한 시간과
노력의 상관관계

노력의 한계가 경쟁이라는 현실 때문에 발생하는 것만은 아니다. 더 큰 한계는 시간의 제한이다. 만약 우리에게 무한한 시간이 주어진다면 노력이 힘을 발휘할 수 있을지 모르겠다. 고등학생들은 새벽 몇 시까지 공부할 수 있을까? 보통 8시까지 학교에 가니 7시에는 일어나야 한다. 그럼 밤 몇 시까지 공부할 수 있을까? 인간의 한계는 어디까지일까? 단지 하루의 계획을 이야기하는 것이 아니다. 중학교 때부터 고등학교 때까지 적어도 6년은 지속할 수 있는 장기적인 계획을 이야기하는 것이다.

나는 새벽 2시가 한계라고 생각한다. 공부도 잘하고 좋은 대학을 가고 싶은 학생들은 아마 새벽 2시까지 할 것이다. 물론 때에 따라서는 새벽 4시까지 공부하는 학생들이 있지만, 장기적으로 유지할 수 있는 계획이 아니다. 새벽에 자면 어차피 낮에 졸거나 잘 수밖에 없다. 시간과 관련해서는 학생들 간에 큰 차이가 있을 수 없다. 하루는 24시간이고 공부할 수 있는 시간은 대체로 정해져 있다.

누구에게나 똑같이 주어진
시간이라는 제약

노력이 빛을 발하기 어려운 이유는 우리에게는 시간의 제약이 있고, 공부 잘하는 경쟁자들은 이미 주어진 시간을 대부분 공부에 쓰기 때문이다. 공부를 잘하는 경쟁자를 이기기 위해서는 경쟁자보다 더 많은 시간 동안 공부해야 하는데, 그럴 수가 없다. 공부할 수 있는 시간은 한계가 있고, 공부를 잘하는 경쟁자는 이미 그 한계 시간을 공부에 다 쏟아붓고 있기 때문이다. 그래서 웬만해서는 성적이 낮은 학생이 성적이 높은 학생을 이길 수 없다. 성적이 높은 학생과 낮은 학생이 모두 새벽 2시까지 열심히 공부하면, 성적이 낮은 학생이 성적이 높은 학생을 절대 이길 수 없다. 성적 격차는 더 크게 벌어질 확률이 높다.

시간의 한계도 없고 성적이 높은 학생이 열심히 공부하지 않는다는 두 조건을 만족해야만 노력이 빛을 발할 수 있다. 하지만 노력 신봉 공화국에서는 이런 조건을 만족시킬 수 없다. 시간의 한계도 있고, 모두가 최선의 노력을 다하기 때문이다. 최선의 노력을 다하면 성공해야 하는 노력 신봉 공화국에서 도리어 노력이 빛을 잃게 된다.

찾아보면 가능한 예도 있다. 재수하면 된다. 재수하면 고3 현역보다 시간적 측면에서 훨씬 유리하다. 고3 때는 학교에 다니면서 내신, 비교과(봉사활동, 특별활동, 자격증 취득, 수상 경력 등), 학교생활기록부, 자기소개서를 관리해야 하지만, 재수생은 그럴 필요가 없다. 365일을 온전히 수능만 준비하면 되기 때문이다. 그래서 재수생의 숫자가 매년 수험생의 30퍼센트를 넘어선다. 그리고 재수생은 정시에서 항상 강세를 보인다. 노력이 빛을 보려면 시간의 한계가 없어야 하기 때문이다.

그러면 재수하고 삼수하고 사수하고 오수하면 훨씬 더 유리해지지 않느냐고 반문할 수 있다. 그렇게 하면 노력의 효과를 보지 않겠느냐는 것이다. 물론 효과가 있다. 시간적 혜택을 누리는 것은 분명하기 때문이다. 그래서 요즘 재수를 필수로 생각하는 학생들이 많다.

하지만 여기에는 두 가지 문제가 있다. 첫 번째 문제는 수능뿐만 아니라 인생에서 중요한 많은 일을 이런 식으로 해결할 수 없다는 것이다. 모든 일에는 시간적 의미가 있고, 정해진 기간 안에 이뤄야만 의미가 사는 것들이 대부분이다. 대입도 마찬가지고, 취직도 마찬가지고, 이루고 싶은 꿈도 마찬가지다. 말이야 그럴듯하게 포장할 수 있지만, 인생의 좋은 시간을 다 보낸 후에 내가 원하는 꿈을 이룬다면 무슨 의미가 있겠는가.

약간의 지연은 문제가 되지 않겠지만 그렇다고 한량없이 시간을 가질 수도 없는 노릇이다. 적절한 시점에 이뤄야 의미가 사는 것들이 많다. 나이 마흔이 넘어 원하는 대기업에 합격하는 것이 무슨 의미가 있겠는가. 물론 현실적으로 마흔 살이 넘는 지원자를 뽑지도 않겠지만, 마흔 살이 넘어 지원하는 사람도 거의 없다. 그 나이에는 큰 의미가 없다는 것을 알고 있기 때문이다. 회사의 운영 시스템과 구조를 고려하면 합격해도 곤란한 상황이 연출될 수 있다.

인생의 중요한 일은 대부분 시간적 한계가 있다. 암묵적으로 정해진 시간 안에 이뤄야 하는 것이 많다. 그래서 무조건 노력한다고 성공할 수 있는 것이 아니다. 정해진 시간 내에 성과를 내야 하는 현실이 있기 때문이다. 그럼 누가 성공할까? 시간을 정해놓고 대부분의 사람이 최선의 노력을 다하면 누가 성공할까? 답은 정해져 있다.

두 번째 문제는 더 시간을 많이 가진다고 성과가 기하급수적으로 올라가지 않는다는 점이다. 앞에서 계속 이야기했지만, 아무나 노력할 수도 없을뿐더러 노력의 효과는 재능이 있는 사람에게서 더 강하게 나타난다. 재수하고 삼수한다고 원하는 만큼 성적이 획기적으로 많이 오르지 않는다. 만약 그렇다면 이 세상에 대학 입학으로 고민하는 학생이 한 명도 없을 것이다. 100년 사는 인생인데 1년 더 공부하는 것이 뭐가 대수겠냐고 말할 수 있지만, 현실에서는 1년 더한다고 극적인 향상이 일어나지 않는다.

노력이 정말 효과가 있는 것이 사실이라면, 아무것도 하지 않고 1년 동안 수능만 준비한 학생의 성적이 월등하게 높아야 한다. 고3 때 수능을 준비하는 시간보다 몇 배는 더 시간을 투자할 수 있기 때문이다. 하지만 그렇게 성적이 무지막지하게 오르지는 않는다.

그래도 수능으로 입학하는 정시의 경우, 재수생들이 강세인 것은 맞다. 하지만 그렇다고 중위권이 상위권이 되고, 상위권이 최상위권이 되기는 쉽지 않다. 점수가 조금 부족해서 불합격했던 학교에 합격할 수 있는 정도다. 조금 더 높은 학교에 합격할 수 있을지는 몰라도 주위 사람들을 깜짝 놀라게 할 만큼의 성적 변화는 기대하기 어렵다. 그것도 주로 이미 성적이 높은 학생들에게 효과가 있는 것이지, 그렇지 않은 학생들에게는 효과의 크기가 미비하다. '노력-재능 상호작용' 효과에서 논의했던 내용이다. 그래서 서울대·연세대·고려대에 합격한 학생들이 재수 혹은 반수를 많이 한다. 의대에 합격하기 위해 반수를 하기도 하고 더 좋은 대학에 입학하려고 재수를 하기도 한다.

좀 더 직설적으로 물어보자. 고등학교를 졸업한 후 10년 동안 공부하면 누구나 정시로 최상위 대학에 입학할 수 있을까? 최상위 대학이 아니더라도 중앙대·경희대·외국어대·시립대에는 모두 합격할 수 있을까? 10년 공부하면 수능 점수 전국 상위 1~2퍼센트에 들 수 있을까? 아니면 5퍼센트 안에는 들 수 있을까? 쉽게 그렇다고 답할 수 없다.

누구나 할 수 있는 것이 아니며 많은 학생에게는 몹시 어려운 일일 것이다. 원하는 대학에 불합격했다고 5~10년씩 공부하는 사람은 찾아보기 힘들다. 5년이나 10년 공부해서 원하는 대학에 들어가는 것도 힘들지만, 현실적으로도 큰 의미가 없다고 판단하기 때문이다. 10년 아니라 20년을 해서라도 원하는 학교에 입학하는 것이 꿈이라면 의미 있는 일이고 함께 응원을 보내고 싶다. 하지만 모든 일을 될 때까지 할 수는 없는 노릇이다. 현실의 제약이 너무 많기 때문이다.

인생을 살면서 넘어야 할 산이 대학 입학만 있는 것은 아니다. 대학 입학 후에도 더 높은 산들이 줄지어 기다리고 있다. 현실의 세계에서는 한번 시간을 놓치면 다음 일이 더욱 어려워지는 경우가 허다하다. 이런 현실의 시간적 제약이 노력을 무력화한다.

경쟁과 시간의 벽

재능이 노력을 압도하는 마지막 이유는 경쟁과 시간이라는 현실의 장벽이 있기 때문이다. 노력만 해서 성공할 수 있는 것이 아니다. 경쟁에서 이겨야 한다. 노력이 빛을 보기 위해서는 경쟁률이 낮거나 대부분의 사람이 노력하지 않아야 한다. 그러면 노력의 세상이 펼쳐질 것이다.

하지만 노력 신봉 공화국에서는 대부분의 사람이 최선의 노력을 다하고, 또한 그로 인해 경쟁도 치열하다. 그래서 노력이 빛을 보지 못하고, 오히려 재능이 빛을 보게 된다. 노력 신봉 공화국에 사는 것 같지만, 현실적으로는 '재능 신봉 공화국'에 사는 셈이다. 다 같이 노력하면 노력의 차이는 없게 되고, 재능의 차이만 드러나기 때문이다. 거기다가 시간적 제약도 있다면 재능은 더욱더 큰 힘을 발휘하게 된다.

PART 3

JUSTIFICATION

당신의 성공은
정당한가

OF SUCCESS

01
공정성의
진짜 의미

_ 타고난 능력, 집안의 사회경제적 위치, 노력 이 모두가 태어나면서 결정되는
것이라면 이 세상은 이미 기울어진 운동장이다. 이 조건을 개인 스스로가 완벽
하게 통제할 방법은 없다. 개인이 책임질 수 있는 일이 아니다. 다양한 재능을 가
지고 서로 다른 가정환경에서 태어난 사람들이 기울어진 운동장에서 싸우지 않
도록 운동장의 환경과 구조를 개선하면 된다. 이것이 가장 이상적인 국가다.

성패에 따른 보상과 처벌, 당연한 이치일까

　　공부를 잘해서 좋은 대학을 졸업한 학생은 좋은 직장으로 보상을 받고, 그렇지 않은 학생은 좋지 않은 직장으로 사회적 처벌을 받는다. 우리 사회가 운영되는 방식이다. 동서고금을 막론하고 대부분의 사회는 책임을 강조하는 철학에 기초를 두고 있다. 성공과 실패에 따른 보상과 처벌은 책임을 중시하는 사회의 특징이다. 이런 사회를 우리는 공정하고 정의로운 사회라고 부른다. 그래서 우리는 어렸을 때부터 '책임 있게 행동하라!'라는 이야기를 많이 들었다. 이번 장에서는 이런 사회적 보상과 처벌이 정당한 일인지 논의해보고자 한다.

어떤 학생이 공부를 잘할까

어떤 학생이 공부를 잘할까? 어떤 학생이 서울대·연세대·고려대에 입학할까? 어떤 학생이 수능에서 높은 점수를 받을까? 모두 같은 질문이다. 답은 그리 어렵지도 않다. 공부를 잘하는 이유는 세 가지뿐이다. 첫 번째는 '똑똑함'이고, 두 번째는 '부잣집'이고, 마지막 세 번째는 '노력'이다. 이 세 가지 조건을 갖추면 단언컨대 누구나 공부를 잘할 수 있다. 자, 그러면 이세 가지 조건으로 성공하는 것이 정당한 일인지 살펴보자.

① 똑똑해서, 재능으로 성공하면 정당한가

'똑똑함'은 대부분의 사람이 인정하는 성공의 필수조건이다. 그리고 이 똑똑함은 유전적으로 타고나는 재능이고 능력이다. 그렇다면 이 똑똑함을 기초로 사람을 보상하고 처벌하는 것은 정당한 일일까? 똑똑함은 한 개인이 통제할 수 있는 것이 아니고 선택할 수 있는 것도 아니다. 똑똑하게 태어나고 싶다고 해서 똑똑하게 태어날 수 있는 것도 아니고, 멍청하게 태어나고 싶다고 해서 멍청하게 태어날 수 있는 것도 아니다.

책임을 강조하는 사회를 표방한다면 똑똑함으로 사람을 보상하고 처벌해서는 안 된다. 책임질 일이 없기 때문이다. 명분 없는 보상과 처벌이다. 자유롭게 선택하지도 않았고 스스로 결정한 것도 아닌데 어떻게 책임을 물을 수 있겠는가.

내가 나의 키를 선택할 수 없는 것처럼 똑똑함도 선택할 수 없다. 어떤 학생은 똑똑한 머리를 가지고 태어나지만, 대부분의 학생은 보통 수준의 똑똑함을 가지고 태어난다. 그런데 이 똑똑함은 특히 공부를 잘하기 위한 가장 중요한 기초가 된다. 우리 사회는 똑똑함을 수많은 것으로 보상한다. 돈과 명예가 대표적이다. 똑똑하면 공부도 잘하고, 좋은 대학에 입학하며, 좋은 직장을 얻는다. 아름답고 즐거운 세상이 펼쳐진다.

거꾸로 우리 사회는 '똑똑하지 않음'을 처벌한다. 똑똑하지 못하면 좋은 대학에 입학하지 못하고 좋은 직장도 얻지 못한다. 전쟁터와 같은 세상이 계속 펼쳐진다. 사람들은 이 모든 과정이 정당하다고 믿는다. 결과에 대해 책임져야 한다고 믿는다. 공부도 잘하지 못했고, 좋은 대학도 졸업하지 못했고, 좋은 직장에도 들어가지 못했기 때문이다.

다시 한번 생각해보자. 왜 공부를 잘하지 못했을까? 똑똑하지 못해서 그랬다면 누구에게 이 책임을 물어야 할까? 그런데 이 똑똑함은 우리가 선택한 것도 아니고 결정한 것도 아니다. 태어날 때 무작위로 주어진 것이다. 이런 똑똑함을 보상하고 처벌하는 것이 정당한 일일까? 똑똑함을 무기로 성공하고 부귀영화를 누리는 사람이 있다면, 그의 부귀영화는 명분이 있을까? 없을 것이다. 똑똑함은 자기의 의지와는 무관하게 부모로부터 아무런 조건 없이 주어진 것이기 때문이다.

② 가정적·사회적 환경이 좋아서 성공하면 정당한가

비틀스, 빌 조이, 빌 게이츠의 이야기를 한데 모아놓으면 성공에 대해 더욱 완벽한 그림이 그려진다. 조이와 게이츠, 그리고 비틀스는 모두 재능을 타고났다. 존 레논과 폴 매카트니의 음악적 재능은 한 세대에 한 번 나올 만하고, 빌 조이는 앞서 말한 것처럼 순식간에 복잡한 알고리즘을 완성시켜 지도교수를 놀라게 했다. 그건 확실히 타고난 재능이다.

하지만 그들의 역사를 구분 짓는 진정한 요소는 그들이 지닌 탁월한 재능이 아니라 그들이 누린 특별한 기회다. 만약 비틀스가 함부르크에 초대받지 않았다면 그들은 다른 길을 걸었을지도 모른다. 빌 게이츠는 인터뷰 첫머리에 이렇게 말했다. "저는 아주 운이 좋았어요." 그렇다고 그가 영리하지 않다거나 탁월한 기업가가 아니라는 뜻은 아니다. 그저 그가 1968년에 레이크사이드에 있었다는 것은 믿을 수 없을 만큼 큰 행운이었다는 얘기다. 우리가 살펴본 모든 아웃라이어는 평범하지 않은 기회를 누렸다.

말콤 글래드웰, 『아웃라이어』, 74~75쪽.

'1만 시간 법칙'을 운운하며 『아웃라이어』의 내용을 잘못 이해하는 사람들이 많다. 노력 신봉자의 관점에서 이 책을 이야기하는 사람들도 많다. 저자인 말콤 글래드웰이 1만 시간 노력하면 누구나 성공할 수 있다고 이야기했을까? 절대 그렇지 않다. 그가 주장하려던 것은 '노력'이 아니었다. 위의 인용문에도 명백하게 드러나지만, 말콤이 강조한 것은 '환경과 기회'였다. 상위 1퍼센트의 성공과 부는 뛰어난 재능으로 창출되는 것이 아니고, 그런 재능을 꽃피게 할 환경과 기회라고 주장했다.

한 예로, 빌 게이츠는 부유한 가정에서 태어나 어렸을 때부터 일반인은 상상할 수도 없는 기회를 얻었다. 빌 게이츠는 그당시 대학생도 거의 사용할 수 없던 최신 컴퓨터를 고등학생 때부터 가지고 놀았고, 이를 계기로 그는 컴퓨터와 관련한 엄청난 기회와 경험을 쌓을 수 있었다. 윗글을 보면 알겠지만 빌 게이츠 본인도 "저는 아주 운이 좋았어요"라고 고백했다.

"타고난 지능, 탁월한 재능, 뜨거운 열정, 끝없은 노력이 성공을 보장하는가? 진정한 아웃라이어는 개인이 아니라 문화다!"라고 말콤 글래드웰은 분명하게 주장한다. 기회와 환경이 성공의 원인인 것이다. 좀 더 직설적으로 말콤 글래드웰의 주장을 표현하면 성공과 부의 원인은 '운'인 것이다. 한 개인의 의지와 상관없이 처하게 되는 가정환경과 사회환경이 성공과 부의 원인인 것이다.

말콤 글래드웰은 "1만 시간의 법칙에서 무엇보다 흥미로운 것은 1만 시간이라는 것이 엄청난 시간이라는 점이다. 성인이 아닌 경우, 스스로의 힘만으로 그 정도의 연습을 해낼 수는 없다. 격려해주고 지원해주는 부모가 필요하다. 경제적으로 곤궁해 아르바이트하느라 충분한 연습 시간을 낼 수 없으면 안 되므로 가난해서도 곤란하다. 대개, 특수 프로그램이나 특별한 종류의 기회를 붙잡아야 그 수치에 도달할 정도로 연습을 할 수 있다"(『아웃라이어』, 58~59쪽)라고 이야기한다.

1만 시간 노력하면 성공할 수 있을지도 모르겠다. 사실 이 점도 확실하지 않다. 앞 장에서 논의했듯이 재능 없이는 쉽지 않은 일이기 때문이다. 하지만 문제는 이렇게 노력할 환경이 쉽게 만들어지지 않는다는 점이다. 운이 좋은 사람들에게만 주어지는 특별한 혜택이고 기회다. 세계적인 부와 성공을 거둔 대부분의 사람들은 타고난 재능도 있었지만, 그들을 더욱더 특별하게 만든 것은 그들만이 가질 수 있었던 기회와 환경이었다. 엄밀하게 말하면 말콤 글래드웰은 '노력 신봉자'가 아니고 '기회·환경 신봉자'다. 기회와 환경이 없으면 재능도 의미를 상실하기 때문이다.

더 쉬운 말로 하면 '지금 우리나라 대기업 총수들은 어떻게 그 자리에 갔을까?'에 관한 질문이다. 재능인가, 노력인가, 주어진 기회와 환경인가? 합리적인 사람이라면 이 질문에 어렵지 않게 대답할 수 있을 것이다. 대부분의 성공과 부는 이런 방식으로 얻게 된다. 물론 대부분의 실패와 가난도 이런 기회와 환경의 부재로 창출된다. 부귀영화를 누리며 사는 연예인은 어떻게 만들어지는 것일까? 재능일까? 노력일까? 기회와 환경일까? 재능만 있으면 유명한 연예인이 될 수 있을까? 기회와 환경의 영향력을 무시할 수 없을 것이다.

누군가는 '기회도 노력하는 사람에게 주어지는 것이다!'라고 이야기할 것이다. 노력 신봉 공화국에 살기 때문에 할 수 있는 말이다. 물론 그런 경우가 있겠지만 대부분 치명적인 기회와 환경은 개인의 의지와 상관없이 태어나면서부터 주어진다. 대기업 총수도, 부잣집도, 모처럼 찾아온 TV 노래 경연대회도, 연예인 길거리 캐스팅도 모두 운이다. 노력으로 그런 기회와 환경을 얻었다고 포장하고 싶겠지만(특히 노력 신봉 공화국에서 그렇다), 사실은 전혀 그렇지 않다.

무작위로 주어진 환경과 기회로 건설한 성공은 명분이 있을까? 없다. 주어진 환경과 기회를 얻기 위해 개인이 한 것이 거의 없기 때문이다. 그냥 운이 좋았던 것뿐이다. '운이 좋았어요' 라고 겸손한 태도를 보이는 사람이 있지만, 정확하게 이야기하면 그것은 겸손한 표현이 아니고 사실이다.

③ 그래도 노력은 정당한 것 아닌가

이제 마지막 희망은 세 번째 이유인 '노력'에 있다. 재능과 가정적·사회적 환경으로 성공한 것이 명분이 없다고 치자. 그래도 노력만큼은 정당한 것이 아니냐고 생각할 수 있다. 남들 놀 때 열심히 해서 공부를 잘했으면 충분히 명분이 있지 않겠는가. 그것은 직접 선택하고 결정한 것이라고 생각하기 때문이다. 그래서 좋은 직장과 높은 연봉은 타당한 보상이라고 믿을 수 있다.

하지만 앞 장에서 구구절절 설명했던 것처럼 노력의 결과 역시 개인에게 책임을 묻기는 어렵다. 타고난 재능이 있는 사람이 더 많은 노력을 하게 되고, 노력의 효과는 타고난 재능이 있는 사람들에게 더 크게 나타나며, 가장 중요한 것은 노력은 성실성처럼 타고난 성격적 특질이기 때문이다. 한마디로 정리하면 노력은 재능의 부산물이고 재능 그 자체라고 할 수 있다. 개인이 선택하거나 결정할 수 있는 부분이 별로 없다. 그래서 노력의 결과도 명분이 없기는 마찬가지다.

아무나 새벽에 일찍 일어나고, 밤늦게까지 공부할 수 있는 것이 아니다. 하고 싶어도 하기 어렵고, 아무리 시켜도 못하는 사람은 절대 못하며, 시키지 않아도 알아서 하는 사람은 알아서 잘한다. 우리가 자기조절 능력을 갖추고 싶다고 해서 갖출 수 있는 것이 아니고, 자의적으로 선택할 수 있는 것도 아니다. 스스로 결정해서 가질 수 있는 것도 아니다. 그냥 태어나면서 주어지는 성격적 특질이다.

"쟤는 정말 성실한 친구야!"라고 표현할 때 우리는 암묵적으로 타고난 성격적 특질에 관해 이야기하는 것이다. "쟤는 참 게을러!"라고 표현할 때도 우리는 그 사람의 성격에 관해 이야기하는 것이다. 그래서 노력으로 성공했다 할지라도 성공에 대한 명분은 약하다. '성실'은 스스로 만들어낸 것이 아니라 타고나면서부터 주어지는 것이기 때문이다. 우리가 실패한 사람들을 향해 노력하지 않아서 그런 것이라고 아무렇지 않게 비난도 하고 비판도 하지만, 그 사람에게 노력이란 쉽게 할 수 있는 것이 아니다.

재능, 환경, 노력은
모두 운인가

공부를 잘하는 세 가지 이유 중 어느 것 하나도 개인이 자의적으로 선택한 것은 없다. 개인의 의지와 상관없이 주어진 것이다. 그래서 성공과 실패에 대한 보상과 처벌이 정당하지 않을 수 있다. 우리 사회는 책임을 강조하며 성공한 사람에게는 돈과 명예를 주고, 실패한 사람에게는 그에 걸맞은 처벌을 준다. 하지만 그 보상과 처벌이 정당한지는 의문이다. 어느 것 하나 100퍼센트 본인 책임이라고 보기에는 선택권과 결정권이 너무 없기 때문이다.

그래서 『정의란 무엇인가』, 『공정하다는 착각』의 저자인 하버드대학교 마이클 샌델 교수는 공부를 잘하게 되는 것은 '운'이라고 말한다. 비단 공부에 한정된 이야기가 아니다. 세상에 존재하는 거의 모든 분야에서 성공과 실패는 타고난 재능과 능력, 주어진 가정적·사회적 환경과 기회, 그리고 개인적 노력으로 결정된다.

하지만 안타깝게도 한 개인은 이 세 가지 중 어느 것 하나도 자의적으로 선택할 수 없다. 그냥 무작위로 주어진다. 운이라고 해도 하나도 이상하지 않다.

나의 주장은 절대 공부에 국한되지 않는다. 이 세상에 존재하는 대부분의 성공은 명분이 약하다. 음악이든, 예술이든, 예체능이든, 사업이든, 학계든 상관없다. 대부분의 성공은 그 분야에 필요한 재능, 적절한 환경과 기회, 노력으로 달성되고, 이세 가지 요건은 의지와 상관없이 무작위로 주어지는 것이기 때문이다.

재능이 '운'인
두 가지 이유

재능이 '운'이라는 논리가 아직 생소하게 들릴 수 있다. 하지만 두 가지 측면에서 재능은 분명 '운'이다.

① '금수저'로 태어나는 것처럼 타고나는 것이기 때문이다

여러 가지 재능이 있지만 우리나라에서는 대학 입학 전까지 '공부 머리'가 다른 재능을 압도한다. 이 능력이 갑 중의 갑이고 왕 중의 왕이다. 공부 머리 중에서도 갑 중의 갑은 수학적 재능이다. 다른 과목들은 환경(학원, 과외)이나 노력의 힘으로 어느 정도 극복할 수 있는 측면이 있지만, 수학은 노력이나 환경으로 극복하기가 쉽지 않다. 그래서 입시에서는 수학적 재능이 치명적인 역할을 한다.

'수학을 잘하면 모든 대학에 갈 수 있지만, 수학을 못하면 아무 대학도 못 간다'라는 말이 있을 정도다. 책의 서두에서 예시로 들었던 학생의 글을 다시 생각해보자. 연세대학교에 합격한 학생 중에도 끝까지 수학으로 고생했던 학생이 많다. 한번 물어보자. 명문대에 합격한 학생들이 성실하지 않아서 수학을 못했을까? 단언컨대 누구 못지않게 열심히, 성실하게 노력했을 것이다. 밤잠을 자지 않고 10년 이상의 시간을 수학에 매진했지만, 수학을 완전하게 극복하지 못한 학생이 연세대학교에도 많다.

결국 입시에서의 성공과 실패는 수학적 재능으로 판가름 날 확률이 높다. 수학을 잘하면 입시가 편해지고, 그렇지 않으면 입시는 어려워진다. 수학적 재능으로 한 사람의 인생을 결정하는 것과 운으로 한 사람의 인생을 결정하는 것은 무엇이 다를까? 크게 다르지 않다. 어쩌다 수학적 재능을 가지고 세상에 태어난 것과 운 좋게 금수저로 태어난 것이 뭐가 다르겠는가.

내가 선택하지 않은 것에 의해 내 인생의 성공과 실패가 좌우된다는 측면은 매한가지다. 둘 다 모두 운인 것이다. 어쩌다 수학적 재능이 있으면 이 세상은 땅 짚고 헤엄치기 쉬운 놀이터가 되고, 어쩌다 수학 재능이 없으면 적어도 입시에서는 이 세상이 전쟁터가 되는 것이다. 금수저로 태어나면 살 만한 좋은 세상이 펼쳐지고, 흙수저로 태어나면 어렵고 힘든 세상이 펼쳐지는 것과 같다.

수학적 재능으로 성공하는 것과 금수저로 태어나 성공하는 것이 다르게 느껴지는 이유는 노력 신봉 공화국에 살고 있기 때문이다. 누구든지 열심히 하면 수학을 잘할 수 있다는 믿음이 있어서, 금수저로 태어나는 운과는 엄연히 다르다고 생각하는 것이다. 수학적 재능을 예시로 들었을 뿐, 모든 재능에 해당하는 이야기다. 음악적 재능이든, 사업적 재능이든, 운동적 재능이든, 언변의 재능이든, 예능적 재능이든 매한가지다.

② 무엇이 가치 있는 재능인지는 사회가 결정하기 때문이다

아직도 나의 주장이 듣기 거북할 수 있다. 하지만 재능이 더욱더 운인 이유는 이 재능의 가치가 사회환경에 의해 결정되기 때문이다. 수학적 재능이 언제부터 가치 있는 능력으로 인정받았을까? 수학적 재능으로 사람의 순위를 매기는 세상은 언제부터 시작되었을까?

인류의 긴 역사를 생각해본다면 수학적 재능을 인정해준 것은 비교적 최근이다. 특히 수학을 잘하는 학생이 대접받고 성공하게 된 것은 아주 최근의 일이다. 원래부터 그랬던 것이 아니라 최근의 사회환경에 의해 결정된 것이다. 어쩌다 보니 지금 시대는 수학적 재능으로 대학 입학을 결정하게 되었다. 개인이 의도적으로 선택하거나 결정한 것이 아니라 태어났더니 그런 사회가 눈앞에 펼쳐진 것이다. 운 좋게 혹은 운이 없게 수학적 재능을 알아주는 시대에 태어났을 뿐이다.

그러면 조선시대에는 어땠을까? 조선시대에 태어났다면 성공이 조금 쉬웠을까? 조선시대에는 성공과 실패라는 개념조차 없었다. 그냥 태어나기 전에 한 개인의 인생이 무참히 정해져 있었다. 부모의 신분에 따라 인생이 이미 정해진다. 떵떵거리며 잘살 수도 있고, 평생 노비로 살 수도 있다. 개인이 할 수 있는 것은 아무것도 없다. 어떤 시대에 태어났느냐에 따라 우리가 가진 재능은 가치 있게 인정받을 수도 있고 아무런 의미 없이 묻힐 수도 있다.

조선시대에 수학적 재능은 일반인에게는 아무런 의미가 없었다. 적어도 성공과 실패의 관점에서는 그렇다. 수학적 재능으로 대입 시험의 성패를 결정한 것은 대학 입학 연합고사가 시행된 1954년부터다. 현시대의 사람들은 조선시대를 보면서 공평하지 않았다고 생각할 것이다. 정의롭지 않은 사회였다고 입을 모을 것이다. 자기가 선택하고 책임질 일로 성공과 실패가 결정되지 않고, 사회가 정한 신분과 계급에 의해 성공과 실패가 결정되었기 때문이다.

이것과 수학적 재능으로 성공과 실패를 결정하는 것이 무엇이 다르겠는가. 엄밀하게 따지면 전혀 다르지 않다. 노력 신봉 공화국에 살다 보니 수학적 재능으로 대학교 입학을 결정하는 것이 공평하고 정의롭다고 느낄 뿐이다. 신분을 절대 바꿀 수 없지만 노력하면 공부는 잘할 수 있다고 믿기 때문이다.

중요한 점은 어떤 재능을 가치 있게 인정해주는지는 시대마다 다르고, 이것은 개인이 선택하거나 통제할 수 있는 것이 아니라는 것이다. 조선시대에 양반의 아들로 태어나면 세상은 아름다운 곳이 될 수 있지만, 지금은 양반의 아들로 태어나는 것이 아무런 의미가 없다. 수학적 재능을 가지고 조선시대 노비의 아들로 태어났다면 그 재능은 아무런 의미가 없지만, 지금은 상황이 완전히 다르다. 훌륭한 무기를 갖고 인생을 시작하는 것과 같다.

다른 재능으로 줄을 세운다면?

입시제도 아래에서 수학적 재능으로 줄을 세우기 쉬워 그랬을 뿐이지, 만약 어떤 정치적·사회적 이유로 영어 과목으로 줄을 세웠다고 해보자. 그러면 사람들의 운명은 또 달라졌을 것이다. 만약 영어로 줄을 세웠다면 우리 딸의 운명 역시 조금 달라졌을 것이다. 우리 딸은 외국에서 태어나기도 했고 언어적 재능이 조금 있어서 영어를 잘한다. 외국에 살게 된 것도 운이고, 언어적 재능이 있는 것도 타고난 재능이니 운이다. 하여튼 재미있는 것은 영어로 줄을 세웠다면 우리 딸은 지금 조금 더 유리한 위치에서 입시를 준비하고 있을 것 같다.

운동 능력으로 줄을 세운다면 어땠을까? 아마 많은 사람이 힘들어하며 공평하지 않다고 난리를 쳤을 것이다. 타고난 능력으로 줄을 세우면 안 된다고 생각하기 때문이다. 하지만 앞에서 살펴봤던 것처럼 음악이나 체육 분야보다 영어나 수학 등의 분야가 재능에 더 많은 영향을 받는다. 노력 신봉 공화국에서 살다 보니 열심히 하면 공부쯤은 누구나 잘할 수 있다고 믿는 것뿐이다.

신분제도를 이야기하니 너무 동떨어진 느낌이 들 수도 있겠다. 하지만 인류 역사를 보면 대부분의 세대와 문화는 신분제도로 운영되었다. 유럽이든 동양이든 다 마찬가지다. 이렇게 개인의 능력으로 사람을 평가한 시대는 긴 역사를 생각하면 아주 찰나만큼 짧은 시간이다. 신분제도는 100퍼센트 운에 의해 결정되기 때문에 공평하지 않다고 생각한다. 하지만 능력으로 줄을 세우는 것은 왠지 공평하고 정의롭다고 생각하는 사람이 많다. 열심히 하면 잘할 수 있다는 믿음이 있기 때문이다. 노력 신봉 공화국에 사는 사람은 더욱더 그렇게 생각한다. 사실은 그것도 똑같은 운일 뿐인데 말이다.

신체적 힘으로 줄을 세우면 어땠을까? 당신은 성공했을 것 같은가? 힘으로 줄을 세우는 부족이 아직도 지구상에 존재하고, 부족시대에는 아주 흔한 제도였다. 그 시대에 태어난 사람들은 그 제도가 불공평하거나 정의롭지 않다고 생각하지 않았을 것이다. 나름 공평하고 정의로운 방법으로 줄을 세웠다고 생각할 것이다. 지금도 마찬가지다. 수능으로(수학으로) 좋은 대학과 좋은 직장을 결정하는 것이 정의롭지 않을 수 있다고 생각하는 사람은 찾아보기 힘들다. 노력하면 누구나 잘할 수 있다고 믿기 때문에 당연하고 합리적이라고 생각할 것이다. 적어도 수능으로 학생을 뽑는 정시는 아주 공정한 입학제도라고 생각한다.

당신이 미국에서 태어났다면 어땠을까? 북한에서 태어났다면? 인도에서 태어났다면? 어느 시대에, 어떤 문화권에, 어떤 성별로 태어나는가에 따라 당신의 성공과 실패는 완전히 달라질 수 있다. 당신이 엄청난 수학 능력과 신체적 능력을 갖추고 태어났다 할지라도 웬만한 시대와 나라에서는 아무런 의미가 없을 수 있다. 이래도 운이 아니라고 말할 수 있을까?

멀리 갈 것도 없이 우리나라에만 국한해서 이야기해보자. 내가 고등학교에 다닐 때는 서울에 있는 대학에 합격하는 것이 그리 어렵지 않았다. 나는 시골에서 고1까지 다니다가 1980년대 중반에 서울로 전학을 왔는데 한 반 정원이 60명 정도였다. 공부를 잘하지 못하는 공립 고등학교였다. 그런데도 우리 반에서만 서울대 한 명, 연세대 한 명, 고려대 한 명이 입학했다. 그리고 15등까지는 서울에 있는 대학에 대부분 합격했다. 내신 3등급까지는 서울에 있는 대학에 합격했던 것 같다. 불과 30년 전이야기다. 공부에 관심 좀 있는 친구들은 당연히 서울대, 연세대, 고려대를 희망했고, 떨어지면 '서성한/중경외시' 대학에 갔다. 그 외의 학교는 별로 관심이 없었다. 그리고 서울에 있는 괜찮은 대학을 졸업하면 대부분 성공적으로 취직하고, 잘 먹고 잘 살았다.

지금은 어떤가? 전국 8퍼센트 안에 들어야 서울에 있는 15개 대학에 합격할 수 있고, 13퍼센트 안에 들어야 수도권 대학 입학이 가능하다. 웬만한 대학교를 졸업해도 취직이 안 되고, 먹고살기도 아주 힘든 세상이다. 이 상황은 내가 결정한 것도 아니고, 선택한 것도 아니다. 내가 책임질 일은 당연히 아니다. 내가 성공하고 실패할 확률에 대해 내가 결정할 수 있는 것이 거의 없는 셈이다. 시대에 따라, 문화에 따라, 나라에 따라 나의 의지와 상관없이 무자비하게 결정된다. 내가 가지고 태어난 기술과 재능을 알아주는 시대에 태어나면 나는 성공하는 것이고, 아니면 망하는 것이다. 이게 운이 아니고 도대체 뭐란 말인가?

요즘은 노래와 춤이 뛰어나면 아이돌이 되고, 모든 부귀영화를 누린다. 언제부터 이랬을까? 대한민국의 역사를 고려하면 정말 찰나에 가깝다. 10년 후에 어떤 재능과 능력이 대우받을지 누가 알겠는가? 요즘 젊은 사람들은 아이를 낳지 않는다. 한 부부가 낳는 아이의 숫자가 최근 0.78명이라는 통계를 보았다. 이 상태가 유지된다면 50년 후에는 대학 가는 일이 땅 짚고 헤엄치는 것보다 쉬울 수 있다. 아마 그때는 수능으로 학생을 줄 세우지 않을지도 모른다. 하지만 또 다른 기준으로 줄을 세울 것이고, 그 기준은 아마 또 다른 타고난 재능일 것이다. 인생의 성공과 실패가 운이라는 이야기다.

노력이 성공을
가져다준다는 착각

어떤 사람이 성공해서 부귀영화를 누린다고 하자. 이 사람이 누리는 부귀영화는 정당한 것일까? 무슨 질문이 그렇냐고 따져 물을 수 있다. 열심히 노력해서 부귀영화를 누리는 것인데 무슨 반격이 있을 수 있단 말인가. 부귀영화를 누리기 위해 많은 사람이 지금도 밤잠을 자지 않고 피땀 흘리는 노력을 하고 있지 않은가. 그렇게 성공해서 얻은 부귀영화가 정당하지 않다면 도대체 뭐가 정당한 부귀영화란 말인가.

하지만 『공정하다는 착각』에서 마이클 샌델은 미국의 유명한 농구 선수 르브론 제임스의 예를 들며 이해하기 어려운 이야기를 한다. 르브론 제임스는 농구를 통해 수백만 달러를 벌었다. 부귀영화를 얻은 것이다. 자, 그러면 르브론 제임스가 부귀영화를 얻은 이유를 분석해보자.

그는 어떻게 부귀영화를 얻었을까? 당연히 농구를 탁월하게 잘했기 때문이다. 그럼 다시 물어보자. 르브론 제임스는 어떻게 농구를 잘하게 되었을까? 마이클 샌델이 생각할 수 있는 이유는 단 두 가지다. 첫 번째는 르브론 제임스가 천부적인 운동 재능을 가지고 태어났기 때문이고, 두 번째는 농구에 대한 천부적인 운동 재능을 인정해주고 보상해주는 사회에 살고 있기 때문이라는 것이다.

그럼 두 가지 이유의 정당성에 관해 이야기해보자. 천부적인 운동 재능을 가지고 태어난 것은 노력의 결과인가, 아니면 행운의 결과인가? 이 세상 누구도 노력의 결과라고 이야기하지 않을 것이다. 르브론 제임스로서는 선택할 수도 없었던 완전한 운의 결과였다. 키가 큰 것이 노력의 결과라고 생각하지도 않고, 부잣집에 태어난 것이 노력의 결과라고 생각하지 않는 것처럼, 천부적인 운동 신경을 가지고 태어난 것을 노력의 결과라고 생각하지 않는다. 그래서 첫 번째 이유만으로는 르브론 제임스가 누리는 부귀영화가 정당하다고 볼 수 없다.

그럼 두 번째 이유는 어떨까? 르브론 제임스가 농구를 잘하는 것을 가치 있게 여기고 보상해주는 사회에 살게 되었다는 것은 노력의 결과인가, 아니면 운의 결과인가? 마이클 샌델은 이것 역시 완전히 운의 결과였을 뿐, 르브론 제임스의 노력과는 아무런 관련이 없다고 말한다. 반박하기 어려운 주장이다. 만약 르브론 제임스가 130년 전에 태어났다면 어떤 결과가 발생했을까? 130년 전에도 부귀영화를 누릴 수 있었을까? 전혀 그렇지 않았을 것이다. 농구라는 스포츠 자체가 없었으므로 르브론 제임스는 절대 농구로 부귀영화를 누릴 수 없었을 것이다. 농구라는 스포츠는 1891년에 시작되었다. 물론 다른 재능으로 부귀영화를 누릴 가능성도 있지만, 그럴 가능성은 아주 희박하다. 130년 전에는 또 다른 재능과 능력을 인정하고 보상하는 사회였으니 말이다.

시대마다 인정해주고 보상해주는 능력과 재능이 따로 있다. 그 시대가 가치 있게 인정해주는 능력과 재능을 가지고 있으면 부귀영화를 누리는 것이고, 그렇지 않으면 그냥 평범하게 살거나 몹시 어렵게 사는 것이다. 즉 우리의 성공은 어떤 시대에 태어나고 살아가는지에 달렸다. 쉽게 이야기하면 그냥 운이다. 요즘 한국 사회는 대학 입시라는 제도를 통해 수학적 재능을 인정해주고 가치 있게 보상해주는 것뿐이다. 한 개인의 성공과 실패가 완전히 운에 달렸다는 이야기다. 어쩌다 금수저로 태어나

부귀영화를 누리는 것과 르브론 제임스가 부귀영화를 누리는 것은 운이라는 측면에서 이론적으로 아무런 차이가 없다.

이런 이유로 르브론 제임스가 부귀영화를 누리는 것은 아무런 명분이 없으며 정당하지 않다고 마이클 샌델 교수는 주장한다. 하지만 노력 신봉 공화국에서는 재능과 사회적·가정적 환경의 힘을 애써 무시하고, 노력으로만 그의 성공을 포장한다. 그냥 노력을 신봉하고 싶을 뿐이다. 사실은 명분 없는 성공인데도 말이다.

미국과 한국의 입시 정책은 모두 정의롭지 못할까

앞에서 미국 대학과 한국 대학이 학생을 선발하는 과정을 살펴봤다. 미국 고등학생들은 대학 입학을 위해 SAT라는 시험을 보고, 한국 학생들은 수능을 본다. 둘 다 대학 입학시험이지만, 미국은 역사적으로 SAT 시험을 통해 '타고난' 인지적 능력이 뛰어난 학생들을 뽑으려 했고, 한국은 수능을 통해 열심히 노력해 높은 점수를 얻은 학생을 뽑으려 했다. 한국 사람의 관점에서는 미국의 교육 철학이 이해되지 않는다. 타고난 인지적 능력을 통해 대학 입학을 결정한다는 것이 너무 불공평해 보이며 정의롭지 않다고 느껴지기 때문이다. 열심히 공부하면 누구나 좋은 학교에 입학할 수 있게 하는 것이 공평하다고 생각한다.

그런데 꼼꼼하게 살펴보면 한국의 수능 역시 공평하지 않기는 마찬가지다. 위에서 이야기했던 것처럼 좋은 대학에 입학하는 것은 똑똑한 두뇌, 사회경제적 지위가 높은 집안, 그리고 노력으로 결정되는데 이 모든 것이 이미 태어나면서부터 결정된 부분이 많기 때문이다. 이런 측면에서 보면 미국이나 한국이나 불공평하고 정의롭지 못한 것은 매한가지다.

겉으로 드러나는 껍데기만 다르게 보일 뿐이다. 노력하면 무엇이든 잘할 수 있다고 믿는 사람들에게는 수능을 통해 학생을 뽑는 방법이 훨씬 더 공평하게 보이지만, 실상은 대놓고 똑똑한 학생을 뽑는 미국의 입학 정책과 하나도 다를 바가 없다. 어차피 미국 SAT든 한국 수능이든 결론적으로 타고난 똑똑함을 가진 학생을 뽑는 것이기 때문이다. 한국의 수능이 공평하게 보이는 이유는 우리가 노력 신봉 공화국에 살고 있기 때문이다.

미국 시스템은 타고난 능력을 인정해버리고 거기에 맞춰 학생을 뽑는 것이고, 우리는 타고난 능력을 애써 못 본 척하고 노력을 많이 하는 학생을 뽑는 척하는 것뿐이다. 우리나라에서 IQ 테스트로 대학 입학을 결정한다면 아마도 많은 사람이 분노할 것이다. 공평하지 않다고 생각하기 때문이다. 하지만 지금 수능도 어차피 IQ 테스트와 크게 다르지 않다. 타고난 재능을 명시적으로 인정하느냐, 하지 않느냐의 차이일 뿐이다.

수시를 싫어하는 사람이 많다. 가정환경에 의해 대학 입학이 결정되는 부분이 많기 때문이다. 그래서 정시가 좀 더 공평하고 정의롭다고 생각한다. 하지만 더 솔직하게 이야기하면 정시가 타고난 인지적 능력에 더 영향을 받는다. 그래서 정시가 수시보다 더 불공평하다고 믿는 것이 더 합리적인 생각이다. 가정환경 차이에 의해 대학이 결정되는 것에 분노한다면, 타고난 인지적 능력을 테스트하는 정시에는 더욱더 분노해야 하는 것이 맞다. 하지만 노력의 힘을 과대하게 신봉하기 때문에 정시가 좀 더 공평해 보일 뿐이다.

추첨으로 대학 입학을
결정하면 어떨까

타고난 능력, 집안의 사회경제적 위치, 노력 이 모두가 태어나면서부터 결정되는 것이라면 이 세상은 이미 기울어진 운동장이다. 아무리 좋은 정책을 시행한다 하더라도, 근본적으로는 불공평할 수밖에 없다. 타고난 능력, 집안의 사회경제적 위치, 노력을 개인 스스로가 완벽하게 통제할 수 있는 길은 없기 때문이다. 개인이 책임질 수 있는 일이 아니다.

그러면 공평한 운동장을 만들 수 있는 길이 있을까? 한 가지 말도 안 되는 방법이 있기는 하다. 우습게 들리겠지만 추첨제도다. 마이클 샌델 교수가 주장하는 방식이다. 대학 입시를 시험으로 결정하지 말고 그냥 무작위 추첨으로 결정하자는 것이다. 대학 교육을 소화할 수 있는 기본적인 학습 역량을 갖춘 학생들을 대상으로 추첨을 시행하자는 것이다.

농담처럼 보이겠지만 이론적으로는 세상에서 가장 공평한 방식이다. 이 추첨제도는 타고난 재능, 가정환경, 노력이라는 자기조절 능력의 영향을 1퍼센트도 받지 않기 때문이다. 이 방법이 아니고서는 절대로 기울어진 운동장이 사라질 수 없다. 추첨제도가 말도 안 되는 소리라고 생각할지 모르겠다. 그런데 지금 우리나라의 자립형 사립고(자사고)의 신입생 선발 과정을 보면 이미 추첨제도가 시행되고 있는 것을 알 수 있다. 지금 대부분의 서울 소재 자사고는 성적을 전혀 보지 않고 지원자 중 모집정원의 1.5배를 추첨으로 뽑은 뒤 면접을 통해 신입생을 선발한다. 물론 면접을 통과하기 위해서는 실력이 필요하지만, 이 면접 역시 최대한 내신, 학업 성취, 수상 경력 등을 고려하지 않고 선발하려 한다. 사실 일반고 선발 과정과 다르지 않다. 물론 한계는 있다. 누가 자사고에 입학할 수 있는지가 관건인데, 적어도 1년에 등록금과 수업료로 1,000만 원은 낼 수 있는 집안의 자식이어야 한다. 가정형편이 지대한 영향을 끼친다.

운이 좋았던 사람, 운이 나빴던 사람

핵심은 무엇일까? 한 개인의 성공과 실패는 명분이 없을 수 있고, 성공과 실패라는 결과는 정당하지 않을 수 있다는 것이다. 성공한 사람은 '참으로 운이 좋았던 사람'이고, 실패한 사람은 '참으로 운이 나빴던 사람'이다. 더도 덜도 아니다. 타고난 재능과 가정적·사회적 환경의 힘을 애써 무시하고, 노력이라는 프레임으로 우리의 성공과 실패를 정당화하고 명분을 찾았을 뿐이다.

이런 태도와 생각을 비관적이라고 여길 수도 있다. 모두가 이런 생각을 한다면 이 세상은 희망 없는 우울한 풍경이 될 것이라고 생각할 수도 있다. 하지만 나는 그렇게 생각하지 않는다. 이것을 인정하는 것이, 그리고 이것을 인정해야만 우리 모두 함께 행복하게 살 수 있는 길을 모색할 수 있다. 사실을 사실로 인정하고 받아들일 때 우리는 좀 더 정의롭고 공평한 세상을 만들 수 있고, 그곳에서 모두가 평화롭게 살 수 있다. 만약 이런 운에 따른 요소들을 인정하지 않으면 어떤 일이 발생할까? 이 세상은 더욱더 정의롭지 않고 불공평한 사회가 될 것이다. 노력을 죽도록 강조하는 노력 신봉 공화국에서 사람들이 시름시름 아파하며 쓰러지는 것처럼 말이다.

02
능력주의는
왜 위험한가

_ 노력 신봉 공화국에서는 '사회적 책임'이라는 단어가 명분을 찾기 힘들고 사람들은 사회적 책임에 무감각해져버린다. 노력 신봉 공화국에서는 부와 가난의 책임이 온전히 개인에게 있기 때문이다. 열심히 노력해서 부자가 되고, 게을러서 가난한 사람이 되는 것이다.

노력 신봉 공화국이 불러온
개인적 고통

지금까지 노력에 대한 과대 신봉을 이야기했다. 노력해도 성공하지 못할 수 있고, 누군가는 노력조차 하기 힘들 수 있다고 주장했다. 그러면 노력을 신봉하는 나라에서 노력해도 성공하지 못한다면 어떤 일이 벌어질까? 두 가지 반응만 존재할 뿐이다.

첫째는 자신의 부족한 노력을 자책할 것이다. 충분히 노력했다면 성공했을 것이라고 믿기 때문에 성공하지 못한 것은 충분한 노력을 하지 않아서라고 생각한다. '너, 진짜 죽을 만큼 노력해봤어?', '너 자신에게 부끄럽지 않을 정도로 노력한 거 맞아?', '너는 한 번이라도 연탄처럼 뜨거웠던 적이 있니?' 이런 질문에 어느 누가 '그렇다!'라고 답할 수 있겠는가. 적어도 노력 신봉 공화국에서는 절대로 '그렇다!'라고 대답할 수 없다. 생각해보면 잠깐 쉰 적도 있고 아쉬운 부분도 있을 수밖에 없기 때문이다. 잠도 안 자고 밥도 안 먹으며 노력했다면 또 모르겠다. 그렇지 않고서는 실패 후에는 부족했던 노력을 자책할 수밖에 없다.

'너, 진짜 죽을 만큼 노력해봤어?'라는 질문에 '그렇다!'라고 대답하지 못하는 또 하나의 이유는 자존감과 관련이 있다. '죽을 만큼 노력했는데도 잘 안되었다'라는 말이 도대체 무슨 의미일까? 적어도 노력 신봉 공화국에서는 '나는 아무리 열심히 해도 안 되는 인간이다'라는 이야기가 아니고 뭐겠는가. 그래서 어쩔 수 없이 부족한 노력을 자책해야 한다. 꼭 그렇게 해야 한다. 그래야 내가 숨 쉴 구멍이라도 생기고, 미래에 대한 희망을 품을 수 있다.

그래서 실패한 사람들은 자신의 부족한 노력을 자책하며 더 열심히 할 것이다. 하지만 그렇게 자책한다고 해서 더 열심히 할 수 있는 것도 아니고, 성공할 수 있는 것도 아니다. 타고난 재능과 능력을 갖추고 좋은 환경에서 최선의 노력을 다하는 사람들이 즐비하기 때문이다.

돌아오는 것은 자책과 자괴감

노력해도 성공하지 못했을 때 나타나는 또 다른 반응은 무엇일까? 실패가 거듭될수록 느껴지는 감정은 자괴감이다. 본인이 무능하고 한심하다는 생각에 열등감을 가질 것이다. 노력을 열심히 하면 할수록, 시도를 더 많이 하면 할수록 그런 감정은 더 세게 올 것이다. 끝까지 포기하지 않고 버티려고 노력하겠지만, 결국 찾아오는 것은 더 깊은 자괴감뿐이다. 끝까지 포기하지 않고 노력했기 때문에 자괴감이 오는 것이다.

공무원 시험을 7년, 8년 준비하고 끝내 합격하지 못하면 깔끔하게 인정하고 다시 원래 모습으로 돌아갈 수 있을까? 1년 혹은 2년 준비했다면 그럴 수 있을지도 모르겠다. 적당한 핑계를 대면서 말이다. 쉽지는 않겠지만 자신을 속이며 그렇게 생각하려 애쓸 것이다. 하지만 오랜 시간 투자하며 청춘을 다 보냈다면 상황은 달라진다. 공무원 시험 준비가 본인의 전부이기 때문이다. 노력하면 노력할수록 포기가 어려운 이유가 또 하나 추가되는 셈이다. 그만둔 후의 상황을 상상하기도 싫고 수습할 자신도 없기 때문이다.

주위를 둘러보면 아주 오랜 시간 동안 하나의 일을 위해 인생을 거는 사람들이 수없이 많다. 그런 사람들은 끝내 성공하지 못하면 겉으로 드러내진 않아도 평생을 자괴감과 싸워야 한다. 극복하기 어려운 상처와 아픔이다. 최선의 노력을 다했지만 결국 실패했기 때문에 그 모든 것이 의미를 잃는다. 최선의 노력을 다했으니 괜찮고 그 과정도 의미가 있었다고 생각할 수 있을까? 남들은 그렇게 위로할지 모르지만 본인은 절대 그럴 수 없다. 노력 신봉 공화국에서는 이런 자괴감으로 살아가는 사람이 많다. 나는 최선을 다해도 안 되는 사람이기 때문이다.

모든 책임은 온전히 나의 것

노력 신봉 공화국에서 개인이 감당해야 할 또 하나의 아픔은 모든 결과에 대한 책임을 개인이 져야 한다는 것이다. 노력 신봉 공화국에서는 노력이 모든 성공의 어머니이고, 노력으로 안 될 것이 없기 때문이다. 그렇다 보니 성공하지 못한 것은 모두 개인의 책임이다. 사회도 그렇게 생각하고, 다른 사람들도 그렇게 생각하고, 본인도 그렇게 생각한다. 이놈의 노력을 강조하면 할수록 모든 책임은 개인에게 전가된다. 그것도 아주쉽게 말이다.

공부를 못한 것, 사업에 성공하지 못한 것, 살찐 것, 취직하지 못한 것, 결혼하지 못한 것, 돈을 많이 벌지 못한 것, 이혼한 것, 가난한 것, 좋은 대학에 가지 못한 것, 예쁘고 잘생기지 못한 것, 하물며 건강하지 못한 것도 모두 개인 책임이다. 생각할 여지도 없다. 이 법칙은 상상할 수 있는 이 세상의 모든 조건에 적용된다. 그래서 성공하지 못한 사람과 잘하지 못한 사람은 숨거나 도망갈 곳이 없다. 최소한의 방패막이도 없다. 개인이 다 받아내고 감당해야 한다. 성공하지 못하고 잘하지 못해서 따라온 실패의 결과도 순순히 받아들여야 한다. 핑계를 댈 수 없다. 최선의 노력을 다하지 않았기 때문이다.

노력 신봉 공화국에서 실패한 사람에게는 살길이 주어지지 않는다. 처절한 현실만이 기다리고 있을 뿐이다. 그냥 조용히 고개 숙이고 실패와 실패에 대한 대가를 치르면 된다. 그렇게 대가를 치르는 것이 너무 당연하고 자연스럽다. 혹시라도 환경을 핑계 삼거나, 뛰어나지 않은 재능을 탓하거나, 나빴던 운을 핑계 삼으면 난리가 난다. 어디 감히 핑계냐고 비난할 것이다. 겸손하게 반성하고 좀 더 열심히 노력할 생각을 해야 한다고 밀어붙일 것이다. 핑계를 대는 것은 지질한 인간이나 하는 일이며, 그런 태도로 인생을 사니 그렇게 실패했다는 비난을 추가로 퍼부을 것이다.

사실은 개인의 책임이 아닐 수 있는데 말이다. 실패한 사람들도 좋은 재능을 가지고 태어났다면, 좋은 집안과 환경에서 태어났다면 상황이 달라졌을 수 있는데 말이다. 하지만 그렇게 생각하는 것조차도 사치이고 핑계일 뿐이다. 그런 말을 하는 것 자체가 노력 신봉 공화국에서는 벌써 구질구질하게 느껴진다. 차라리 겸허하게 받아들이는 것이 좋다. 노력이 부족했다고.

반대로 성공한 사람들은 노력 신봉 공화국에서 하늘을 날아다닌다. 물 만난 고기처럼 세상이 다 자기 것이다. 최선의 노력으로 성공을 이뤄냈으니 기고만장할 수밖에 없다. 성공으로 얻는 부귀영화에 대한 완벽한 명분과 정당성이 보장되기 때문이며, 그 모든 것을 노력으로 얻었기 때문이다. 그래서 떳떳하고 자랑스럽다. 노력으로 얻은 부귀영화이니 마음껏 자유롭게 즐겨야 한다. 좋은 직장을 얻은 것, 부자인 것, 날씬한 것, 잘생기고 예쁜 것, 좋은 대학 나온 것, 건강한 것, 사업에 성공한 것, 결혼 생활이 행복한 것 모두 내가 이룬 것이고 성취한 것이다. 모두 다 본인의 노력으로 일궈낸 것이다. 다른 어떤 요인으로 성공을 설명하고 싶지 않고, 그럴 수도 없다. 왜냐하면 노력 신봉 공화국에서 살기 때문이다. 노력 신봉 공화국에서는 그런 태도는 허락되지 않는다. 그냥 주어진 부와 명성을 즐기기만 하면 된다.

그래서 노력 신봉 공화국에서 성공한 이들은 교만하기 쉽다.

본인은 그렇게 생각하고 싶지 않을지라도, 사회가 그러하니 자연스럽게 교만의 분위기에 편승한다. 겸손이라는 사회적 압박이 있으면 다른 방법을 찾으면 된다. 본인 자랑을 안 하고도 교묘하게 자아실현을 할 수 있는 길은 많다. 성공하지 못한 사람을 비판하고 비난하면 된다. 이것보다 더 자신을 명분 있게 자랑하는 방법도 없다. 충분히 할 수 있었는데 노력하지 않았기 때문이라고 비난하는 것이다. 그런 식으로 인생을 살지 말라는 조언도 잊어서는 안 된다. 그런 나약하고 게으른 태도로 사니 그런 인생을 살 수밖에 없다고 쐐기를 박으면 된다.

"너, 열심히 공부하지 않으면 저 아저씨처럼 된다"라고 아들과 딸에게 이야기하는 것도 좋은 방법이다. 저 아저씨는 게을러서 노력하지 않았기 때문에 저런 인생을 사는 것이다. 내가 좋은 직장에 다니고, 좋은 집에 사는 것은 엄청나게 노력했기 때문이라는 것을 대놓고 이야기하지 않고도 나 자신을 내세울 수 있는 멋진 방법이다. 교육적인 명분도 있으니 얼마나 좋은가. 훌륭한 말처럼 느껴진다. 자녀를 위한 최고의 교육이자 동기부여 방법이 아닐 수 없다. 갑자기 땅값이 오르고 아파트값이 올라 벼락부자가 되어도 마찬가지다. 운이 좋았다고 설명하는 것이 과학적이고 합리적인 추론인데도 불구하고 노력 신봉 공화국에서는 그것도 실력이고 능력이다.

타고난 재능과 능력, 타고난 성실성과 끈기, 좋은 집안과 환경 같은 조건들이 없었다면 내가 누리는 모든 것들이 존재할 수 있을까? 이 세상 누구도 '그렇다!'라고 답할 수 없을 것이다. 사실이 이렇다면 나의 성공은 명분이 없다. 이 세 가지 조건은 나의 선택이 아니라 주어지는 경우가 대다수이기 때문이다. 그럼에도 우리는 모든 성공과 실패의 책임을 개인에게 돌린다. 노력 신봉 공화국에서 살고 있는 탓이다.

노력 맹신이 불러온
사회적 고통

    노력 신봉의 문제는 개인의 아픔과 상처에 머무르지 않는다. 사회와 국가의 문제로 확대된다. 자원을 배분하는 원칙에 큰 영향을 주기 때문이다. 정부의 역할 중 하나는 한정된 자원을 국민에게 나누는 규칙을 정하는 일이다. 좋은 직장에 들어갈 기회를 어떤 조건을 갖춘 사람에게 제공해야 하는지, 최저임금은 얼마여야 하는지, 세금은 누구에게서 얼마를 걷어야 하는지에 관한 것들이다.

    아담과 하와가 살았던 에덴동산을 제외하고는 인류 역사 이래로 모든 사람이 평생을 쓰고도 남을 만한 자원(식량, 돈, 집)이 있었던 적은 단 한 번도 없었다. 앞으로도 없을 것이다. 솔직하게 이야기하면, 있었다. 하지만 수많은 정치적, 사회적, 구조적인 원인으로 이런 자원이 정의롭게 혹은 공평하게 분배된 적이 없었다. 엄청나게 많은 자원을 가진 사람이 있는가 하면, 아무 자원도 못 가진 사람 또한 수없이 많다. 이런 것들을 빈부 격차 혹은 소득 불평등이라고 한다.

소득 불평등과 그에 대한 태도

최근 프랑스 파리경제대학 부속 연구기관인 '세계 불평등 연구소World Inequality Lab-WIL'에서 발표한 '2022년 세계 불평등 보고서' 자료에 따르면 세계 상위 10퍼센트의 부자가 전체 소득의 52퍼센트와 전체 자산의 76퍼센트를 점유하고 있다고 한다. 반대로 세계 하위 50퍼센트의 소득은 전체의 8퍼센트, 자산은 전체의 2퍼센트밖에 되지 않는다고 한다. 우리나라도 비슷한 상황이다. 상위 10퍼센트가 전체 자산의 58.5퍼센트를 점유하고 있고, 하위 50퍼센트는 5.6퍼센트를 점유하고 있다.

더 쉽게 말해보자. 자산은 간단하게 말해 재산을 뜻한다. 상위 10퍼센트가 세계 자산의 76퍼센트를 점유하고 있다는 것이 무슨 말일까? 한 나라에 열 명이 살고 있고, 이 나라가 가지고 있는 빵의 총 양이 열 개라고 해보자. 열 명이 빵 열 개를 가지고 있으니 평균적으로 한 명이 한 개의 빵을 가질 수 있는 상황이다. 그런데 현재 상황은 열 명 중 한 명이 빵 7.6개를 가지고 있다는 것이다.

더 충격적인 사실은 열 명 중 다섯 명이 가진 빵은 다 합쳐도 0.2개밖에 되지 않는다는 것이다. 즉 열 명 중 다섯 명은 각각 빵을 0.04개 가지고 있다. 0.04개라는 것이 현실적으로 얼마나 적은지 감도 안 온다. 열 명 중 다섯 명은 빵 하나를 100등분해서 네 조각씩 가진다는 말이다. 거꾸로 열 명 중 한 명의 부자는 보통사람들보다 빵을 190배나 더 가지고 있다는 말이다. 이것이 정확하게 우리가 사는 세상이다.

각 나라는 여러 가지 방법으로 이런 불평등과 빈부 격차를 대처한다. 그런데 신기한 것은 이런 불평등과 빈부 격차를 대하는 태도가 노력 신봉 공화국에 사느냐 아니냐에 따라 달라진다는 점이다. 핵심 질문은 '돈을 많이 버는 부자는 가난한 사람을 도와줘야 하는가?'에 관한 것이다. 노력 신봉 공화국에서 가장 쉬운 답은 '돕건, 돕지 않건 그건 모두 개인의 자유이고, 안 도와줘도 아무런 상관이 없다'이다.

쉽게 할 수 있는 답이지만, 이 답에는 어떻게 부와 가난이 결정되는지에 대한 철학과 믿음이 숨어 있다. 더 정확하게 이야기 하면 부자가 부자로 살게 되고, 가난한 자가 가난하게 살게 된데에는 명분이 있고, 또한 그러기에 부자가 된 것과 가난하게 된 것은 개인이 책임져야 한다는 인식이 숨어 있다. 그래서 노력 신봉 공화국에서는 '사회적 책임'이라는 단어가 명분을 찾기 힘들고 사람들은 사회적 책임에 무감각해져버린다. 노력 신봉 공화국에서는 부와 가난의 책임이 온전히 개인에게 있기 때문이다. 열심히 노력해서 부자가 되고, 게을러서 가난한 사람이 되는 것이다.

그래서 부자는 번 돈을 자기가 쓰고 싶은 대로 마음껏 쓸 수 있다. 도덕적으로 아무런 문제가 없다. 합리적인 명분이 있는 일이기 때문이다. 본인이 열심히 노력해서 돈을 벌었으니 말이다. 열심히 노력해서 부를 이룬 사람은 주어진 보상을 마음껏 누릴 수 있어야 한다. 게을러서 가난하게 된 사람은 그 현실을 묵묵히 받아들여야 하고, 스스로를 가난으로 내몰았던 자기 자신을 비난해야 한다. 가난은 열심히 살지 않은 사람에 대한 정의로운 처벌이기 때문이다. 절대로 개인의 가난을 사회적 책임으로 돌릴 수도 없고 돌려서도 안 된다.

하지만 이 책에서 수많은 증거를 통해 주장한 것처럼 한 인생의 성공과 실패는 노력만으로 이뤄지지 않는다. 인지적 재능과 능력, 집안의 사회경제적 위치, 그리고 사회적 환경에 의해 결정되며, 이런 중요한 변수들은 한 개인이 자발적으로 선택할 수 없다. 물론 노력 역시도 한 개인이 선택하고 결정할 수 없다. 이렇게 보면 한 개인의 부는 명분을 잃게 된다. 물론 한 개인의 가난도 명분을 잃는 것은 마찬가지다. 그런데도 노력 신봉 공화국에서는 노력이라는 유일신을 추앙하며 소득 불평등을 개인의 책임으로 돌리고 사회적 책임에 무감각하다. 이런 과정을 거쳐 소득 불평등은 점점 더 심화되고 사람들은 점점 더 고통받게 된다.

누진소득세에 대한 태도

그러면 각 사회는 빈부 격차와 불평등을 어떻게 해소하고자 할까? 가장 대표적인 것이 소득에 대해 누진세를 부과하는 것이다. 물론 이런 세금들이 가난한 사람들을 위해서만 쓰이는 것은 아니며, 사회와 국가를 유지하는 곳(가령 군대, 경찰, 학교, 소방관)에도 쓰인다. 그런데 누진세는 세금에서 가장 첨예한 이슈 중 하나다.

이 누진세의 핵심은 소득이 많은 사람에게는 훨씬 더 많은 세금을 부여하고, 소득이 적은 사람에게는 세금을 적게 걷는 방식이다. 우리나라 역시 누진세를 적용하고 있는데 연봉이 1,200만 원 이하면 소득의 6퍼센트, 4,600만 원까지는 소득의 15퍼센트, 8,800만 원까지는 소득의 24퍼센트, 1억 5,000만 원까지는 소득의 35퍼센트, 3억 원까지는 소득의 38퍼센트, 5억 원까지는 소득의 40퍼센트, 그리고 5억 원 이상은 소득의 42퍼센트를 세금으로 내야 한다.

누진세에 불만을 가진 사람들이 많다. 특히 연봉이 많은 사람일수록 그렇다. 모든 사람이 똑같이 소득의 몇 퍼센트를 내는 것이 훨씬 더 '공평하다'고 생각할 수 있다. 같은 비율로 세금을 부과해도 어차피 부자가 가난한 사람보다 절대적으로 많은 세금을 내기 때문이다.

가령 소득세를 20퍼센트로 정해놓는다면, 연봉 1억 원에는 20퍼센트인 2,000만 원의 소득세를 부과하고, 연봉 1,000만 원에는 200만 원의 소득세를 부과하면 되는 것 아니겠느냐는 말이다. 연봉이 열 배 차이 날 때, 소득세도 열 배 차이가 나므로 이 방식이 가장 합리적이고 공평하지 않겠느냐는 말이다. 그런데 왜 이런 방식을 선택하지 않고 소득이 높으면 높을수록 더 높은 소득세를 부과하느냐고 질문할 수 있다. 부자에게 너무 불공평한 제도가 아니냐고 반문할 수 있다.

평생을 열심히 노력해서 성공했고 그래서 많은 수입을 얻었는데 엄청난 누진소득세를 내라니 억울하다고 느낄 수 있다. 연봉이 1억 원이면 한 달에 세금 후 실수령액이 얼마나 될까? 결혼한 지 얼마 안 된 지인으로부터 재밌는 이야기를 들었다. 그 지인은 결혼 전에 배우자 연봉이 1억이라는 말을 듣고는 속으로 엄청 좋아했다고 한다. 사실 수많은 근로자에게 연봉 1억 원은 꿈에 가깝다. 2018년 조사에 의하면 전체 근로자 중 연봉이 1억 원 이상인 사람은 49만 명으로 전체 근로자의 3.2퍼센트밖에 되지 않았다. 상위 3퍼센트니 연봉 1억 원 정도면 월급쟁이로서는 꽤 성공한 것이 사실이다.

하지만 그 지인이 확인한 한 달 실수령액은 600만 원 정도였다고 했다. 정확하게 계산하면 640만 원 정도다. 연봉 1억 원의 느낌과 한 달 실수령액 640만 원은 큰 차이가 있다. 한 달 기준으로 공제해야 하는 항목이 많기 때문이다. 소득세, 지방소득세, 국민연금, 건강보험, 장기요양보험, 고용보험 등이 있다. 누진세 때문에 수입이 많으면 자연스럽게 소득세율도 높아지고, 국민연금도 많아지고, 건강보험금도 많아진다. 전부 다 누진세를 적용하기 때문이다. 미국도 마찬가지로 소득에 대해 누진세를 부과한다. 미국에 있을 때 "미국은 부자 한 사람이 가난한 사람 다섯 명을 먹여 살린다"며 높은 누진소득세율에 대해 불만을 털어놓는 친구가 있었다.

다시 명분 이야기로 돌아가 세계적인 농구 스타 르브론 제임스를 떠올려보자. 천부적인 농구 재능과 농구가 최고의 인기를 누리는 사회에 태어난 덕에 그는 성공했다. 물론 엄청난 노력을 했다고 방어할 수 있겠지만, 노력의 한계는 이미 다 논의했으니 노력으로 명분을 삼기도 어렵다. 그래서 르브론 제임스는 엄청난 세금을 내는 것이 명분 있는 일이다. 미국의 최고 세액이 37퍼센트이니 제임스 르브론의 연봉 500억에 대한 소득세인 180억을 내야 한다.

세계적인 스포츠 선수만 이야기하는 것이 아니다. 모든 분야에 해당하는 이야기다. 공부를 잘해서 좋은 직장에 취업해 연봉이 많건, 장사를 잘해서 수익이 많건, 유명한 연예인이 되어 수입이 많건 이 모든 높은 수익에는 높은 누진세가 정당하다. 얻어진 부가 나만의 것이 아닐 수 있기 때문이다. 성공해서 돈을 많이 버는 사람은 누진세로 많은 세금을 내는 것을 당연한 의무로 생각해야 한다. 자신이 얻은 부의 명분이 그렇게 크지 않기 때문이다. 어쩌다 은혜롭게 혹은 운이 좋아서 이런 성공과 부귀영화를 누릴 수 있게 된 것이니 말이다.

하지만 노력 신봉 공화국에서는 이런 생각과 태도에 엄청난 거부감이 있다. 누진세 자체에도 불만이 많고, 세금을 너무 많이 낸다고 볼멘소리가 이만저만이 아니다. 다 본인의 힘으로 성공과 부를 이뤘다고 생각하기 때문이다. 타인의 실패 역시 명분 있는 일이기 때문에 실패한 본인 스스로 책임져야 한다고 생각한다. 그래서 가난한 사람을 돕는 것 자체도 문제가 있다고 생각한다. 어설픈 도움이 노력의 동기를 저해할 수 있다고 생각하기 때문이다. 우리나라에서 논쟁이 있을 때마다 '도덕적 해이'라는 말이 유행하는 이유이기도 하다.

누구에게 더 높은 지위와
경제적 부가 돌아가야 할까

우리나라 사람들은 과연 소득이 어떻게 분배되기를 원할까? 어떻게 소득을 분배하고 나눠야 공평하고 정의롭다고 느낄까? 우리 국민은 정부가 어떻게 자원을 나누면 공평하고 정의롭다고 생각할까? 이와 관련해 아주 흥미로운 연구 결과를 발표한 논문이 있다. 우명숙과 남은영은 한국인 2,000명과 일본인 1만 1,804명에게 '누가 높은 지위와 경제적 부를 가져야 하는가?'라는 질문을 하고, 응답자들에게 다음의 다섯 가지 선택지 중 하나를 고르게 했다.

1. 실적이 많은 사람이 더 받아야 한다.

2. 많이 노력한 사람이 더 받아야 한다.

3. 타고난 능력이 많은 사람이 더 많이 받아야 한다.

4. 자신의 필요에 따라 받아야 한다.

5. 모든 사람이 똑같이 받아야 한다.

당신이면 위의 다섯 가지 선택지 중 무엇을 고르겠는가? 누가 돈을 더 많이 벌고 높은 지위에 올라가야 하겠는가? 사실 이 질문은 '정의란 무엇인가?'에 관한 질문이기도 하다. 즉 '어떻게 제한된 자원을 나누는 것이 가장 공평하고 정의로운가?'와 같은 질문이다. 설문에 참여한 2,000명의 한국 사람들은 어떤 선택지를 가장 많이 골랐을까?

나는 연구 결과를 확인하고 깜짝 놀랐다. 마음이 아프기도 했다. 58.8퍼센트의 사람들이 2번 '많이 노력한 사람이 더 받아야 한다'를 선택했다. 1번 '실적이 많은 사람이 더 받아야 한다'를 선택한 사람은 24.6퍼센트로 2위를 차지했다. 3번 '타고난 능력이 많은 사람이 더 받아야 한다'를 선택한 사람은 5.9퍼센트로 3위를 차지했고, 4번 선택지를 선택한 사람은 4.9퍼센트, 5번 선택지를 선택한 사람은 3.6퍼센트로 각각 4위와 5위를 차지했다.

결과에서 자명하게 드러나는 것처럼 우리나라 사람들은 압도적으로 '많이 노력한 사람이 높은 지위와 경제적 부를 가져가야 한다'고 생각한다. 우리에게는 이것이 공평이고 정의다. 여기서 좀 더 자세하게 살펴볼 부분은 '실적이 많은 사람이 더 받아야 한다'는 1번 선택지와의 비교다. 우리나라 사람들은 실적보다 노력을 압도적으로 많이 선택했다. 이것이 의미하는 것은 무엇일까?

성과를 얼마나 많이 냈는가, 시험 점수가 얼마나 높은가보다 훨씬 더 중요한 것은 얼마나 많이 노력했는가이다. 누가 돈을 많이 벌어야 하는가? 노력을 많이 한 사람이 돈을 많이 벌어야 한다. 누가 높은 지위에 올라가야 하는가? 노력을 많이 한 사람이 높은 지위에 올라가야 한다. 누가 부를 가져가야 하는가? 노력을 많이 한 사람이 부를 가져가야 한다. 결국 모든 자원의 분배를 노력의 크기로 정해야 한다는 것이다. 실적이 중요할 수 있지만, 그것보다 훨씬 더 중요한 것이 노력의 크기다.

슬프게도 이런 믿음과 생각들은 우리가 사는 현실에서 이뤄지기는 어렵다. 대학 입시에서 가장 중요한 항목은 높은 점수이지 얼마나 많이 노력했는가가 아니다. 우리의 믿음처럼 얼마나 노력했는지로 대학 입학을 결정하면 좋겠지만 현실에서는 그런 일이 절대 일어날 수 없다. 회사에서 업적을 평가하거나 승진을 고려할 때 실적의 질과 양을 고려하지, 얼마나 노력을 많이 했는가를 고려하지 않는다. 이 연구 결과가 시사하는 바는 우리나라 사람들이 얼마나 노력을 중요하게 생각하는가다. 그리고 대학 입시든, 승진이든 그런 방향으로 성공이 결정되는 사회를 꿈꾸고 그런 사회가 공정하다고 생각한다는 것이다.

그래서 실패하고, 불합격했다 할지라도 '최선의 노력을 다했으면 괜찮아. 성과와 점수는 그리 중요하지 않아!'라고 뜨겁게 위로한다. 나의 아내도 종종 고등학생인 아이들에게 "엄마가 언제 1등 하라고 했어? 엄마가 언제 100점 받으라고 해? 엄마는 그런 말 한 적 없어. 엄마가 원하는 건 네가 최선을 다해 노력하는 거야"라고 말한다. 올림픽 경기가 있을 때마다 중계하는 아나운서들이 "최선의 노력을 다했으니 잘한 것입니다"라며 메달을 받지 못하는 선수들을 위로한다. 실적보다 훨씬 중요한 것은 얼마나 노력을 했는가이기 때문이다. 그런데 안타깝게도 우리의 이런 믿음은 현실에서 실현되지 못한다.

더 충격적인 것은 '타고난 능력이 많은 사람이 더 받아야 한다'는 3번 선택지를 5.9퍼센트만 선택했다는 점이다. 노력 신봉 공화국에서 타고난 능력과 재능은 숨겨야 하고, 터부시되어야 하는 단어다. 타고난 재능과 능력은 철저하게 무시되고 잊혀야 하는 대상이다. 현실에서는 타고난 재능과 능력이 우리의 삶을 좌지우지하는데도 말이다.

이 연구 결과가 알려주는 것은 명확하다. 노력 신봉 공화국에서는 노력을 얼마나 했는지가 정의의 기준이고 소득 분배의 원칙이어야 한다는 것이다. 노력도 많이 하지 않고 돈을 많이 벌거나 높은 지위에 올라가면 그것은 불공정이고 정의롭지 않은 일이다. 그런데 슬프게도 세상에는 노력하지 않아도 성공하고 돈을 잘 버는 사람들이 무수히 많고, 반대로 최선의 노력을 해도 실패하며 가난하게 사는 사람들이 우주의 별처럼 많다. 노력으로 부와 가난이 결정되지 않기 때문이다. 노력이 성공의 유일신이 아니기 때문이다.

노력보다 훨씬 중요한 것들이 즐비하다. 예를 들면 타고난 재능과 특질, 사회적 환경 등이다. 또한 그런 것들은 우리가 선택하거나 결정할 수 없어서 우리의 현실을 더 아프게 한다. 그래서 노력의 양으로 소득을 분배하고 싶어 하는 우리에게 주어지는 것은 역설적으로 점점 커지는 소득 불평등과 개인적인 아픔과 고통이다. 결론적으로 노력 신봉이 우리로 하여금 사회적 책임에 무감각해지고 개인의 책임에 집중하게 한다.

부와 노력에 대한
우리의 시선과
사회적 책임의 부재

2021년에 OECD에서 「2021 불평등 보고서 Does Inequality Matter 2021」를 발간했다. 165쪽짜리 이 보고서는 우리나라를 포함한 38개국의 사람들이 경제적 불평등을 어떻게 지각하는지에 대한 통계치를 담고 있다. 보고서 결과 중 하나는, 우리나라를 포함해 OECD 회원국 대부분의 사람들이 자기 나라의 소득 불평등이 아주 심각하다고 생각한다는 것이다. 구체적으로 OECD 회원국 사람들 중 80퍼센트는 소득 불평등이 너무 심각하다고 생각했고, 한 나라 총국민소득의 50퍼센트 이상을 최상위 10퍼센트가 차지하고 있다고 생각했다.

그러면 이런 인식을 가지고 있는 사람들이 심각한 소득 격차를 줄이기 위해 어떤 조치가 필요하다고 생각했을까? 보고서에 따르면 71퍼센트의 사람들이 소득 격차를 줄이는 것은 정부의 책임이라고 생각했다. 부자에게 높은 세금을 거둬 소득을 재분배하고, 가난한 사람들에게 교육의 기회와 의료 서비스를 제공해야 한다는 것이다. 물론 정부가 이 과정에 적극적으로 개입해야 한다는 의견이다.

그런데 여기서 흥미로운 결과는 나라마다 정부 책임론에 대한 견해가 크게 달랐고, 그 이유는 소득 불평등의 원인을 바라보는 태도와 관계가 있다는 것이다. 가장 핵심적인 태도는 '열심히 일하면 성공할 수 있는가?'에 대한 생각에서 비롯됐다. 열심히 일하면 성공할 수 있다고 믿는 사람들은 정부 책임론에 강한 지지를 보내지 않았으며, 정부가 부자에게 높은 세금을 거둬 가난한 사람들에게 나눠주는 정책에도 동의하지 않았다고 한다.

이 보고서의 내용을 보고 나는 전율이 돋았다. 열심히 노력하면 성공할 수 있다고 믿는 사람들은 소득 불평등 현상이 당연하다고 생각한다는 것이다. 그 사람들의 관점에서는 정부 책임론에 당연히 동의할 수 없다. 누구나 열심히 노력하면 성공하고 돈을 많이 벌 수 있는데 왜 정부가 국민의 가난을 책임져야 한단 말인가. 노력하면 성공할 수 있는데, 그런데도 성공하지 못하고 가난하다면 그것은 열심히 노력하지 않은 개인의 책임이 아닌가. 그래서 역설적으로 불평등은 정당화될 수 있고 정의로운 것일 수 있다는 논리다.

자, 그러면 이런 사람들은 누진소득세에 대해 어떻게 생각할까? 한 개인의 출세가 그의 노력에 좌우된다고 믿는 사람들과 국가는 누진소득세에 찬성하는 비율이 낮았다. 그들로서는 당연한 이야기가 아닐 수 없다. 열심히 노력하면 누구나 성공하고 잘살 수 있는데 왜 부자들이 더 많은 세금을 납부해 가난한 사람을 도와야 하겠는가. 그렇게 하면 도덕적 해이가 올 것이라고 생각하는 것이다. 가난한 것은 개인의 책임인데 왜 정부가 직접 나서서 책임을 져야 하느냐는 논리였다. 열심히 노력해서 부자가 된 사람들의 돈을 빼앗아 가난한 사람들에게 나눠주는 것은 말이 안 된다는 것이다.

우리는 사회적 역할과 책임에 얼마나 민감한가

우리나라는 어떤 태도를 보였을까? 보고서에 발표된 다음 도표를 보면 우리나라 사람들이 어떤 생각을 하는지 쉽게

<OECD 회원국 사람들의 소득 불평등에 대한 인식>

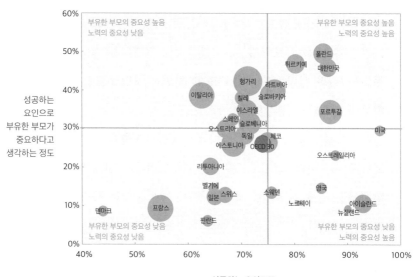

* 동그라미는 각 나라를 나타내며, 동그라미가 클수록 소득 불평등이 너무 크다는 의견에 강하게 동의한 응답자가 높다. (출처: ISSP 2009의 OECD 산정)

엿볼 수 있다. 먼저 각 나라는 동그라미로 표시되어 있다. 동그라미의 크기는 '소득 불평등이 너무 크다'라는 의견에 '강하게' 동의한 사람들의 비율을 나타낸다. 우리나라의 경우 46.5퍼센트로 OECD 평균인 45.1퍼센트보다 조금 높은 비율을 보였다. 헝가리는 77.5퍼센트로 가장 높고, 노르웨이는 12.9퍼센트로 가장 낮은 비율을 보였다. 소득 불평등이 정당하든 정당하지 않든, 우리나라 사람들도 다른 OECD 회원국 사람들처럼 소득 불평등이 심하다고 생각했다.

각 나라를 대표하는 동그라미들은 X축과 Y축을 기준으로 사분면에 위치한다. 먼저 X축은 '열심히 노력하는 것이 인생에서 성공하는 데에 매우 중요하다'라는 의견에 동의한 사람들의 비율을 나타낸다.

우리나라는 86퍼센트로 대부분의 사람이 이 의견에 동의한다. 노력 신봉 공화국에 살고 있으니 당연한 수치다. OECD 평균이 74퍼센트인 점을 참고하면 우리나라 사람이 얼마나 노력 신봉 증후군에 빠져 있는지 쉽게 알 수 있다. 다르게 이야기하면 소득 불평등이 크다고는 생각하지만, 그 원인을 개인의 노력 부재로 돌린다는 것이다. 사회나 정부의 책임이 아니고 개인의 책임인 것이다.

여기서 중요한 부분은 '소득 불평등에 대한 우려'와 '노력 책임론'과의 관계다. 도표를 보면 동그라미가 큰 나라들, 즉 소득 불평등이 너무 심각하다고 생각한 나라는 대체로 X축의 왼쪽 자리를 차지한다. 소득 불평등이 너무 심각하다고 생각한 나라는 열심히 노력하면 성공할 수 있다고 생각하는 비율이 상대적으로 낮다는 것을 알 수 있다. 소득 불평등이 크다고 생각할수록 개인의 책임을 중요하게 생각하기보다 오히려 정부의 책임을 강조한다.

그런데 신기하게도 우리나라는 소득 불평등에 대한 우려가 OECD의 평균보다 높음에도 불구하고 X축에서 상당히 오른쪽에 있다. 다른 나라와는 확연히 다른 패턴을 보인다. 즉 소득 불평등이 심각하긴 하지만, 이것은 개인의 책임이고 정부의 책임이 아니라는 믿음을 가지고 있다는 말이다. 도표에 나타난 것처럼 OECD 회원국 중 우리와 비슷한 경향, 즉 소득 격차에 대한 심각한 우려를 드러내지만 정부에 책임을 묻지 않는 경향을 보이는 나라는 포르투갈을 포함한 몇 개국뿐이다.

그럼 Y축을 살펴보자. Y축은 '부잣집에서 태어나는 것이 인생에서 성공하는 데에 매우 중요하다'라는 의견에 동의한 사람들의 비율을 나타낸다. 우리나라의 경우 46퍼센트로 OECD 평균인 26퍼센트에 비해 월등히 높을 뿐만 아니라 최상위 자리를 차지하고 있다. 우리나라보다 높은 나라는 47퍼센트인 터키와

50퍼센트인 폴란드뿐이다.

X축과 Y축의 결과를 종합하면 우리나라 사람들은 부자와 가난한 사람 사이에 심각한 소득 불평등이 있다고 생각하며, 그 이유는 개인의 노력과 태어난 집안의 경제적 위치에 있다고 생각한다는 것이다. 즉 부자는 노력을 많이 했거나 아니면 부유한 집안에서 태어났기 때문이고, 가난한 사람은 노력을 많이 하지 않았거나 아니면 가난한 집안에서 태어났기 때문이라고 생각하는 것이다.

결론적으로 우리나라 사람들은 다른 나라 사람들보다 이 두 가지 요인을 소득 불평등의 아주 강력한 원인으로 생각한다는 뜻이다. 그리고 그 책임을 정부보다 개인의 노력과 집안의 경제적 능력에서 찾았다. 반면 소득 불평등이 심하다고 생각하는 다른 나라 사람들은 이 두 가지 요인을 소득 불평등의 주원인으로 생각하지도 않고, 그 책임이 개인이 아닌 정부에 있다고 보는 경향이 강하다.

이 두 가지 요인 중 무엇을 더 중요하게 생각하느냐고 묻는다면 그것은 당연히 개인의 노력이다. 열심히 노력하면 인생에서 성공할 수 있다고 믿는 사람들은 86퍼센트이지만, 부잣집에서 태어나면 인생에서 성공할 수 있다고 믿는 사람들은 46퍼센트 수준에 머무르기 때문이다. 뼛속까지 노력 신봉 증후군을 앓고 있다는 증거다.

　이 보고서에 나타난 우리나라 사람의 태도는 분명하다. 사회적 역할과 책임에 덜 민감하다는 것이다. 성공과 실패의 원인을 모두 개인에게 돌리는 탓이다. 부자들로부터 세금을 많이 걷어 가난한 사람들에게 나눠주는 일에 상당한 저항이 있을 수밖에 없다. 또한 그 세금으로 가난한 자들에게 교육의 기회와 의료 서비스를 제공하는 일에 대해서도 부담감을 가질 수밖에 없다. 노력하지 않아서 발생한 가난과 실패는 각 개인의 책임이라고 생각하며, 더 나아가 그렇게 하는 것이 정당한 처벌이라고 믿는다.

　노력 신봉 공화국에서는 한 개인의 실패와 가난에 대해 사회적 책임을 논하기가 어렵다. 여기서는 절대 말해서는 안 되는 단어가 '사회적 책임'이다. 구차한 핑계 같고, 도덕적 해이를 불러올 수 있는 위험한 말이기 때문이다. 하지만 이 책에서 지금까지 살펴봤던 것처럼 개인의 실패와 가난의 책임을 온전히 개인에게 물을 수는 없다. 그래서도 안 된다. 개인이 적극적으로 선택하거나 결정한 부분이 별로 없기 때문이다. 가난은 우리 모두가 책임을 공감하고 정부와 함께 적극적으로 풀어야 할 문제다. 그런데도 노력 신봉 공화국에서는 그렇게 생각하기가 힘들다. 노력하면 다 할 수 있기 때문이다.

개인의 책임으로
돌리면 그만인 나라

사회와 국가를 운영하는 정치적 측면에서 보면 노력 신봉 공화국은 참 운영하기 좋은 사회다. 모든 문제를 개인에게 돌리면 되기 때문이다. 굶어 죽든, 취직이 안 되든, 좋은 직장의 숫자가 적든, 최저임금이 적든 그 어떤 것도 문제가 되지 않는다. 다 개인의 책임으로 돌릴 수 있기 때문이다. 누구든지 열심히 노력하면 잘살 수 있고 좋은 직장을 가질 수 있다.

주위를 보면 그렇게 해서 성공한 사람들이 수없이 많다고 이야기한다. 그런 사람들이 TV에 나와 노력에 대한 동기를 끌어올린다. 드라마와 영화의 중요한 주제 중 하나는 '노력 성공 신드롬'이다. 이런 사회에서는 어려운 사람들이 잘살 수 있도록 여러 가지 복지제도를 제공하는 것에 대해 미온적인 태도를 보일 수밖에 없다. 게으른 사람들에게 무슨 도움을 주느냐는 것이다. 더욱더 강력한 처벌과 채찍이 있어야 한다고 생각한다. 돈을 더 적게 줘야 피나는 노력을 할 것이라고 믿는다.

과연 그럴까? 계속 강조하지만 성공과 실패, 가난과 부유함, 명문대 합격과 불합격은 한 개인의 노력으로 완전하게 설명되지 않는다. 절대로 그렇지 않다. 노력보다 훨씬 더 중요한 요인이 많다. 대부분의 중요한 요인은 한 개인이 통제하거나 선택할 수 있는 것이 아니다. 그래서 반드시 국가가 책임지고 해결해야 할 부분이 있고, 국가가 적극적으로 개입해야 할 부분이 있다. 그런데 문제는 노력 신봉 공화국에 살면 이런 태도와 생각을 갖기가 쉽지 않다는 것이다. 이런 생각들은 실패한 자들의 어설프고 비겁한 핑곗거리이며, 정의롭지 않은 태도라고 치부한다.

03
노력 신봉
사회에서
살아가는 법

_ 현실이 우리가 원하는 것만큼 열려 있지 않더라도 자기의 재능을 찾고 그것을
실현할 수 있는 길을 탐색해야 한다. 모두가 경쟁에서 이겨 승리자가 될 수는 없
다. 이론적으로도 현실적으로도 불가능하다. 내가 이기면 누군가는 반드시 져야
하는 게임이기 때문이다. 그러니 누구나 실패할 수 있다. 최선의 노력으로도 실
패했다면, 과감히 포기를 선택하는 용기가 필요하다.

노력이라는 이름으로
자신을 가혹하게 대하지 말라

"그럼 노력하지 말라는 말인가?" 이 책을 여기까지 읽은
독자라면 이렇게 질문할 수 있다. 3년 전쯤 한 방송국에서 6부
작 강연을 부탁해왔다. 내가 쓴 책 『차라리 이기적으로 살 걸
그랬습니다』를 읽고 나를 찾았던 모양이다. 나는 6부작 강연을
준비하면서 그중 한 꼭지로 '모든 일에 노력하지 않아도 좋다'
라는 주제의 내용을 구성했다. 강연 내용을 미리 검토한 담당
PD는 이 주제에 대해 좀 머뭇거리는 태도를 보였다. "그래서
어쩌라는 거죠? 노력하지 말라는 건가요?"라고 되물었다. "어
차피 모든 게 태어나기 전에 (혹은 후에) 결정된 것이니 포기하고

그냥 대충대충 살라고 주장하시는 건 아니죠?"라고 물었다.

절대 그렇지 않다. 오해하면 안 된다. 반대로 최선의 노력을 다해야 한다. 최선의 노력을 다하지 않고서는 관련한 일에 재능이 있는지 없는지 알 수 없기 때문이다. 직접 시도해보고, 부딪쳐보고, 경험해봐야 한다. 아니, 더 정확하게 이야기하면 최선의 노력을 해봐야만 자기의 재능과 능력을 파악할 수 있다. 어찌 몇 시간, 며칠, 몇 주, 몇 달 해보고 판단할 수 있겠는가. 하는 일의 종류에 따라 다를 수 있겠지만, 대부분의 경우 많은 시간과 노력이 필요하다. 재능의 힘을 맹신한 채 최선의 노력을 다하지 않는 것은 명분 없는 게으름이고 방종이다. 그럴 독자는 없겠지만, 혹시라도 내 책의 피상적인 내용과 제목을 읽고 노력하지 않는 것에 대한 명분을 찾는 사람이 없기를 바란다.

누구나 실패할 수 있다

그러면 내가 꼭 하고 싶은 말은 무엇일까? 그것은 노력하더라도 실패할 수 있고, 성공하지 못할 수 있다는 것이다. 인생에서 성공은 노력으로만 성사되는 것이 아니다. 노력 외에도 중요한 변수들이 많고, 대표적인 것은 재능과 가정적·사회적 환경이다. 이런 변수들이 노력보다 훨씬 더 중요할 수 있다. 더 중요한 사실은 이런 중요한 변수들은 개인이 자율적으로 선택하거나 결정할 수 없는 경우가 허다하다고 말하고 싶은 것이다.

특정한 분야에서 성공한 사람을 보면 그 분야에서 엄청난 노력을 한 경우가 많다. 그런 경우를 보면서 사람들은 노력으로 희망과 꿈을 찾으려 한다. 노력 신봉 공화국의 대표적인 습성이다. 물론 그 사람이 그 분야에서 엄청난 노력을 한 것은 분명한 사실이다. 하지만 우리가 쉽게 간과하는 것은, 그 사람의 타고난 재능과 능력이 노력으로 빛을 보게 되었다는 사실이다. 재능과 능력이 '주'이고 노력이 '객'인 것이다. 더 중요한 사실은 그런 재능과 능력 역시 적절한 가정적·사회적 환경과 기회를 만나지 못하면 빛을 못 보게 될 수 있다는 점이다.

결국, 재능(능력)과 환경이라는 커다란 밥상 위에 노력이 살짝 숟가락을 얹는 것이다. 물론 훌륭한 밥상이 준비되었더라도 숟가락으로 떠먹지 않으면 아무런 의미가 없겠지만, 밥상 없이 숟가락이 해볼 수 있는 것은 별로 없다. 노력은 종인이고, 재능과 적절한 환경이 주요인이다.

그런데도 노력 신봉 공화국에서는 주객이 전도되어 노력이 주요인인 양 돌아다니며 사람들의 마음을 혼미하게 한다. 노력만 있으면 모두가 성공할 것처럼 이야기한다. 하지만 현실은 그렇지 않다. 최선의 노력을 다한 후에도 얼마든지 실패할 수 있다. 아니, 많은 경우에 실패한다.

최선의 노력으로도 실패했다면
과감히 포기를 선택하라

그럼 최선의 노력을 다했는데도 실패하면 어떻게 해야 할까? 노력이 성공의 유일신이 아니기에 과감히 포기할 수 있어야 한다. 더 정확하게 이야기하면 포기해야 한다. 포기해도 괜찮고, 포기하는 것이 훨씬 더 합리적인 선택이다. 노력에 대한 잘못된 신념과 믿음을 가지고 끝도 없는 노력으로 반복되는 실패를 경험할 필요가 없다. 개인에게 지울 수 없는 상처만 남길 뿐이다. 노력이라는 명분으로 자신을 너무 가혹하게 몰아붙여서도 안 되고, 그럴 필요도 없다. 자신을 거칠게 대하면 대할수록 돌아오는 것은 자괴감을 동반한 패배일 수 있기 때문이다.

얼마만큼 노력해야 할지는 개인이 판단할 몫이지만, 분명한 것은 노력 신봉 공화국에서는 이 기준이 아예 없거나 있다 하더라도 너무 높다. 포기하는 것이 거의 불가능에 가까울 정도다. 하지만 포기해야 새로운 희망과 길이 열린다. 포기하지 않고서는 절대로 다른 길이 열리지 않는다.

　야속하게 들릴 수도 있고, 본인의 일이 아니라고 너무 함부로 말하는 것 아니냐고 비판할 수도 있다. 하지만 분명한 사실은 빵의 개수는 정해져 있고 빵을 원하는 사람은 수없이 많다는 점이다. 누가 이 빵을 가져갈까? 열심히 노력하면 누구나 원하는 만큼 빵을 가져갈 수 있을까? 그렇지 않다. 0.1개의 빵도 못 가져갈 수 있다. '빵 경쟁'에서 유리한 재능과 환경을 겸비한 경쟁자들이 아주 많기 때문이다. 다른 길을 찾을 수 있는 용기와 결단이 필요하다.

　다른 길이 충분히 열려 있다면 왜 포기를 못하겠느냐고 반문할 수 있다. 다른 길이 없어서 한 곳에 목을 매는 것이 아니겠냐고 울부짖을 수도 있다. 다른 길이 없으므로 공부에 목을 매는 것이고, 공무원 시험 준비에 젊음을 다 바치는 것이라고 말할 수도 있다. 사실 맞는 이야기다. 특히 우리나라에서는 더더욱 그렇다. 그래서 몇십만 명이 공무원 시험을 준비하고, 학생 대부분이 본인의 재능과 상관없이 대학 입학을 위해 최선의 노력을 다한다. 하지만 이런 생각과 행동이 우리와 우리 사회를 더 힘들게 한다. 공무원 시험에 실패하는 사람은 점점 더 많아질 수밖에 없고, 입시에 실패하는 학생 역시 점점 더 많아질 것이다. 아무도 포기하지 않고 최선의 노력을 다하기 때문이다.

우리의 현실이 우리가 원하는 것만큼 열려 있지 않더라도 우리는 새로운 길을 탐색해야 한다. 자기의 재능을 찾고 그것을 실현할 수 있는 길을 찾아야 한다. 우리 모두 다 공부를 잘할 수 없고, 우리 모두 다 음식을 잘 만들 수 없으며, 우리 모두 다 운동을 잘할 수 없다. 또한 우리 모두 다 경쟁에서 이겨 승리자가 될 수도 없다. 이론적으로도 현실적으로도 불가능한 일이다. 내가 이기면 누군가는 반드시 져야 하는 게임이기 때문이다. 최선의 노력을 다하고도 실패하면 다른 길을 찾을 수 있는 용기가 필요하다.

실패했더라도
패배감을 느낄 필요는 없다

실패로 인한 패배감은 노력 신봉 공화국의 전유물이다. 모든 실패의 원인은 부족한 노력으로 귀결되기 때문이다. 노력 신봉 공화국에서는 실패의 원인이 두 가지밖에 없다. 충분히 노력하지 않았거나, 최선의 노력을 해도 안 되는 사람이기 때문이다.

첫 번째 경우에는 패배감을 느낄 필요가 없다. 충분히 노력하지 않았다고 핑계댈 수 있기 때문이다. 하지만 두 번째 경우는 상황이 다르다. 엄청난 패배감을 느낄 수밖에 없다. 최선의 노력을 다하면 성공하는 것이 정상인 나라에서, 그렇지 않다는 것은 '나는 노력해도 안 되는 사람'이기 때문이다. 대부분의 사람이 최선의 노력을 다하는 노력 신봉 공화국에서는 두 번째 경우가 대다수다. 그러니 대부분의 사람은 실패 후에 패배감을 느낄 수밖에 없다.

패배감을 느끼지 않기 위해 할 수 있는 유일한 길은 최선의 노력을 다하지 않았다고 자기 자신을 속이는 것이다. 그리고 더 열심히 노력하며 노력 신봉 공화국의 신념을 지키면 된다. 하지만 슬프게도 그렇게 하면 할수록 패배감은 강도를 높여 우리를 괴롭힐 것이다. 다시 실패할 확률이 아주 높기 때문이다.

하지만 실패의 원인이 노력이 아니라면 어떨까? 실패의 원인이 타고난 재능과 관련 있다는 것을 인정하면 어떨까? 실패의 원인이 가정적·사회적 환경과 관련 있다는 것을 인정하면 어떨까? 그것을 알고 인정하는 것이 더 큰 패배감을 불러올 것 같다고 반문할 수도 있다. 나는 이 분야에 재능이 없다고 인정하는 것이 훨씬 더 깊은 패배감과 좌절감을 불러올 수 있다고 생각할 수도 있다. 하지만 나는 그렇게 생각하지 않는다. 단기적으로는 기분이 나쁠 수 있고, 좌절할 수도 있다. 특별히 본인이 꼭 하고 싶은 일이라면 더욱 그럴 수 있다. 하지만 노력해도 성과가 나오기 힘든 일에 계속해서 수많은 시간과 자원을 들이는 것은 장기적으로 더 큰 아픔과 패배감을 불러올 수밖에 없다. 모든 것을 걸었기 때문이다.

노력 이외에 다른 요인들이 성공과 실패를 좌우할 수 있다는 사실을 알고 인정하는 것이 역설적으로 더 유익하다. 그렇게 좌절할 필요도 없고, 패배감을 느낄 필요도 없다. 사람마다 타고난 재능과 소질이 다르기 때문이다. 그 부분을 인정하는 것이 훨씬 더 합리적인 생각일 뿐만 아니라, 불필요한 패배감에서 벗어날 수 있는 길이다. 인정하지 않으면 더욱더 괴로울 뿐이고, 끝없는 패배감은 우리의 삶을 통째로 무너트릴 것이다.

당신의 성공에는 명분이 없다

당신이 혹시 성공했다 할지라도 당신의 성공에는 명분이 없다는 사실을 잊어서는 안 된다. 성공의 원인인 타고난 재능과 능력, 가정적·사회적 환경과 기회, 노력 중 어느 것 하나 성공한 사람이 개인적으로 선택한 것이 없기 때문이다. 재능과 능력은 당연히 타고난 것이고, 가정적·사회적 환경과 기회도 대부분 개인의 의지와 상관없이 태어나면서 혹은 태어난 후에 주어지는 것이다. 노력은 본인의 몫이라고 주장하고 싶겠지만 노력 역시 본인의 것이 아니다. 선택한 것도 아니고 결정한 것도 아니다. 타고난 조절 능력일 뿐이다. 노력 신봉 공화국에 살다 보니 노력이 마치 본인의 몫인 것처럼 느껴질 뿐이다. 엄밀하게 이야기하면 노력은 또 하나의 타고난 능력이다.

당신의 성공이 우연임을 잊지 말라

성공한 사람들이 누리는 부와 명예, 사회적 위치는 명분이 부족하다. 마이클 샌델이 주장하는 것처럼 그냥 운이 좋았던 것뿐이다. 더도 아니고 덜도 아니다. 하지만 성공한 사람이 이런 의식을 갖기는 쉽지 않다. 노력 신봉 공화국에 살고 있기 때문이다. '노블레스 오블리주noblesse oblige'라는 단어를 모르는 사람은 없을 것이다. 지식백과에서 그 뜻을 찾아보면 다음과 같다. "귀족들은 태어나면서부터 타고난 신분에 따른 각종 혜택을 받는 만큼, 윤리적 의무도 다해야 한다는 뜻의 프랑스어다. 테세우스는 왕자로서의 특혜를 바라지 않고, 일반 시민들과 똑같이 죽음의 길로 나섰기 때문에 노블레스 오블리주 정신을 그대로 보여줬다고 할 수 있다."

많은 사람들이 '노블레스 오블리주'라는 단어를 돈과 권력 그리고 명예를 가진 사람들은 겸손해야 하는 것이라고 해석한다. 하지만 여기서 주목할 문장은 '태어나면서부터 타고난 신분에 따른 각종 혜택을 받는 만큼'이다. 이 부분을 놓치면 안 된다. 태어나면서부터 타고난 신분에 따른 각종 혜택을 받고 있다는 사실을 인정해야 한다는 것이다.

그래서 이런 사람들이 봉사와 섬김의 자세로 살면 그것은 칭찬해야 할 일이 아니다. 당연히 해야 할 일을 하는 것뿐이다.

우리의 성공도 다를 바 없다. 타고난 재능과 주어진 환경으로 혜택을 본 것뿐이다. 그런데 노력 신봉 공화국에서는 모든 성공이 노력의 결과로 치환된다. 그래서 자랑스럽고 떳떳하다. 누진소득세 정책은 야속하기만 하고 억울하기까지 하다. '돈 많이 버는 사람은 호구인가?' 하는 생각마저 든다. 공평하지 않고 정의롭지 않은 세상이라고 느낀다. 하지만 제대로 분석해보면 정의롭지 않은 세상과 환경에서 가장 이익을 본 사람은 다름 아닌 성공한 사람들이다. 따지고 보면 성공한 사람들이 정의롭지 못한 사회의 가장 큰 수혜자다.

성공했다면 운 좋게 받은 혜택을 나누어라

당신이 성공했다면 당신은 당신의 성공을 자랑해서는 안 된다. 성공으로 얻은 명예, 돈, 권력을 당신의 것만으로 여겨서는 안 된다. 어쩌다 운이 좋아서 이런 혜택을 누리게 되었다고 생각해야 한다. 그런 생각을 억지로 가지라고 설교하는 것이 아니다. 사실이 그렇다.

그래서 성공의 혜택을 자신의 안녕과 행복을 위해서만 사용해서는 안 된다. 그것은 적절하지 않은 수준을 넘어 공평하지 않은 일이고 정의롭지 못한 일이다. 성공해서 얻은 빵 일곱 개를 내 맘대로 사용하겠다는데 뭐가 문제냐고 따질지 모르겠다. 하지만 사실은 운이 좋았을 뿐이다. 그래서 공짜로 얻은 것을 기꺼이 다른 사람들과 나눠야 한다. 재능 자체를 나눌 수도 있고 재능으로 얻은 부귀영화를 나눌 수도 있다. 어떤 형태로든 얻은 것을 나눠야 한다. 아무런 조건이나 보상 없이 얻은 것을 내놓아야 한다.

가진 것을 나눴다고 자만할 일도, 칭찬받을 일도, 자랑할 일도, 뿌듯해할 일도 아니다. 운 좋게 뛰어난 능력과 재능을 받았더라도, 운 좋게 나의 재능이 빛을 보는 세대와 환경에 놓였더라도, 운 좋게 부유하고 권력 있는 집안에서 태어났더라도, 모든 것이 내 것이 아님을 알아야 한다. 그냥 운 좋게 주어진 것이다. 그래서 나누는 것은 겸손이 아니고 필연적인 의무다. 성공한 후에 '운이 정말 좋았어요!'라며 겸손한 태도를 보이는 사람들이 있다. 겸손한 태도가 아니고 사실이다.

타인을 함부로 판단하지 말라

성공했다면 타인을 어떻게 바라봐야 할까? 성공했을 때 거만하지 않고 겸손한 사람을 찾기도 어렵지만, 타인을 바라보는 태도가 정의로운 사람은 더더욱 찾아보기 어렵다. 당신이 성공했다면 실패한 사람들이 어떻게 보일까? 가난한 사람들이 어떻게 보일까? 힘들게 사는 사람들이 어떻게 보일까? 가여운가? 한심한가? 안타까운가? 화가 나는가? 세상은 공평하다고 생각이 되는가? 왜 저러고 사는지 이해가 안 되는가? 인생은 그렇게 사는 것이 아니라고 충고라도 하고 싶은가? 아니면 그럴 만한 가치도 없는 사람들이니 그냥 피하고 싶은가?

아마도 정죄하기 바쁠 것이다. 최선의 노력을 다하지 않은 것에 대한 정당한 처벌이라고 생각할 것이다. 하지만 실패한 사람들을 보라. 어떤 환경에서 태어났는지, 얼마나 취약한 사회적 환경에 놓여 있는지, 어떤 기회가 주어졌는지, 어떤 능력과 자질을 가지고 태어났는지, 어떤 재능이 있는지.

안타까워하고 불쌍히 여기는 태도 역시 교만이다. 교만한 태도를 보이려면 적어도 당신이 이룬 성공에 대한 명분과 정당성이 있어야 하는데 그렇지 않기 때문이다. 성공한 사람이나 실패한 사람 모두 명분과 정당성이 없기는 매한가지다. 근원적인 측면에서 운을 제외하고는 다른 것이 없기 때문이다. 이런 상황 속에서 성공한 사람이 실패한 사람에게 갑질을 한다는 것이 얼마나 우스운 일인가.

성공한 사람들이 실패하고 어려운 사람들, 즉 똑똑하지 않은 사람, 가난한 사람, 성실하지 못한 사람, 몸이 약한 사람, 배우지 못한 사람 등을 상대로 가져야 할 태도는 무엇일까? '나는 운이 좋았지만 저런 사람들은 운이 나빴다'라고 생각해야 한다. 그 사람들도 좋은 가정에서 훌륭한 재능을 갖고 태어나 노력이라는 능력을 추가로 겸비했다면 날아다닐 수 있었을 테니 말이다. 이 세 가지 중 하나만 갖췄어도 완전히 다른 삶을 살 수 있었던 사람이 이 세상에는 수없이 많다. 아니, 대부분의 사람이 그럴 것이다.

안타까워할 것도 없고, 비난할 것도 없고, 충고할 필요도 없다. 일차적으로는 내게 주어진 재능과 환경에서 최선의 노력을 다해야 한다. 그렇게 하지 않으면 주어진 것을 내버려두는 죄를 범하는 것이다. 이차적으로는 그것의 결과를 다른 사람과 나눠야 한다. 이것은 의무이자 책임이다. 마지막으로 그 사람들을 나와 같이 존귀하고 존엄한 친구로 대해야 한다.

개인적 책임보다
사회적 책임을 강조하라

성공과 실패의 여부가 개인의 선택과 의지로 결정될 수 있는 부분이 아니라면, 이제 우리는 사회적 책임에 대해 진지하게 고민해야 한다. 모든 책임을 개인에게 물어서는 안 된다. 그렇게 되면 성공이 불러온 권력과 돈에 구실을 만들어주고, 실패가 불러온 참혹한 현실에 명분만 더할 뿐이다. 사회적 책임이 더 중요한 이유는 한 개인의 성공이 타고난 재능, 자기조절 능력에서 비롯한 노력 외에도 사회의 환경과 구조에 의해 결정되기 때문이다.

한 개인의 성공과 실패를 개인에게 전적으로 돌려서는 안 된다. 실패를 명분 있는 '처벌'로 여겨서도 안 되고, 성공을 명분 있는 '상'으로 여겨서도 안 된다. 사회가 훨씬 더 적극적으로 책임을 져야 한다. 우리나라 사람들은 소득 불평등의 원인이 정부보다 개인에게 있다고 믿는다. 한마디로 열심히 노력하지 않아서 가난하게 산다는 것이다.

가난하게 사는 사람들을 잘 살펴보라. 그들이 노력하지 않는지. 어쩌면 성공한 사람들보다 훨씬 더 열심히 살고 있을 것이다. 훨씬 더 노력하기 힘든 상황에서, 게다가 노력해도 성과(임금, 승진)가 잘 안 나는 현실임에도 불구하고 말이다. 가난한 사람들이 훨씬 더 불리한 사회적 구조에 처해 있다.

'무지의 베일'을
다시 생각해볼 때다

사회적 책임을 강조한 철학자 중 한 명으로 존 롤스John Rawls를 꼽을 수 있다. 하버드대학교 철학과 교수였던 존 롤스는 '무지의 베일veil of ignorance'이라는 용어로 유명하다. 무지의 베일은 자원 분배 원칙을 정할 때 쓰는 용어로, 사회 구성원들이 사회적 혹은 경제적으로 어떤 위치에 있는지 모르는 상황을 의미한다. 마치 베일(장막)에 가려진 것처럼 말이다. 이런 상황을 염두에 두고 분배에 대한 원칙을 결정해야 한다는 것이다.

예를 들어 지금 빵이 다섯 개 있고, 빵이 필요한 사람이 열 명 있다고 하자. 우리는 지금 이 빵을 어떤 사람에게 어떻게 나눠야 할까에 대해 토론하고 있다. 존 롤스는 여기서 빵을 나눠 갖게 될 열 명의 구성원이 어떤 지위와 가정적·사회적 환경, 그리고 재능을 가지고 태어날지 모른다고 가정하고 빵을 나누는 원칙을 결정해야 한다고 주장한다.

존 롤스는 이 무지의 베일 원칙에 근거해 빵을 나누면 자연스럽게 사회의 빈곤층을 소외시키지 않는 원칙을 세울 것이라고 주장한다. 내가 어떤 조건과 모습으로 태어날지 모르니, 혹시라도 불리한 조건과 모습으로 태어나는 상황을 고려하지 않을 수 없다는 것이다.

그런 원칙이 무엇일까? 선천적이든 후천적이든 빵을 차지하기에 불리한 처지에 있는 사람들을 배려하는 분배 원칙을 가질 수밖에 없다는 것이다. 선천적 장애가 있는 사람이든, 불우한 가정에서 태어난 사람이든, 사회에서 인정하는 재능이 없는 사람이든 상관없다. 혹시라도 내가 그런 조건을 가지고 이 세상에 태어난다면 어떤 일이 발생할지를 염두에 두고 분배 원칙을 정한다면 그런 사람들을 배려하는 분배 원칙을 정할 수밖에 없으며, 그것이 정의로운 분배 원칙이라는 것이다.

여기서 주목해야 할 존 롤스 정의론의 핵심은 현실에서 빵을 누가 얼마나 가져갈지는 태어날 때부터 결정될 수 있다는 점이다. 태어날 때부터 사람들은 다른 능력과 재능, 가정환경을 가지고 태어나고, 그런 차이로 인해 누구는 빵을 많이 갖게 되고 누구는 하나도 못 갖게 된다는 것이다. 태어날 때부터 불공정한 배분이 이뤄지게 된다는 말이다. 그러니 성공과 실패에 대한 모든 책임을 개인에게 묻지 말고 정부와 국가가 적극적으로 개입해야 한다는 것이다.

정부가 적극적으로 책임을 담당해야 한다

정부와 국가가 더 책임을 져야 한다는 말은 무슨 뜻일까? 보통 두 가지를 이야기한다. 첫째는 소득이 많은 사람에게 더 많은 소득세를 걷어야 한다는 것이고, 둘째는 이렇게 걷어들인 세금을 어렵고 가난한 사람들의 복지, 교육, 의료 등에 써야 한다는 것이다.

앞에서도 이야기했듯이 우리나라도 현재 소득이 1억 5,000만

원을 초과하면 38퍼센트의 소득세를, 3억 원이 넘으면 40퍼센트, 5억 원이 넘으면 42퍼센트, 10억 원이 넘으면 최대 45퍼센트까지 소득세를 낸다. 이미 엄청나게 높은 누진세를 내고 있는 것이 아니냐고 반문할 수 있다. 나도 '이미 높은 누진세'라는 말에 동의한다. 하지만 이 높은 누진세는 명분이 있고, 고소득에는 명분이 없다.

높은 누진세가 억울하다고 느끼는 국민이 많을수록 정부는 누진세 정책을 시행하기 어렵다. 가난한 사람들에게 복지 혜택과 교육의 기회를 주는 것도 부담스럽다. 그러면 잘사는 사람들은 계속 잘살게 되고, 못사는 사람들은 계속 못살 수밖에 없다. 빈부 격차는 세대를 거듭할수록 점점 커질 것이고, 나중에는 완전히 천국과 지옥에 사는 사람들처럼 분리되어 서로의 얼굴을 마주칠 일조차 없게 될 것이다. 사실 지금도 그런 처지다.

노력과 개인 책임을 강조하면 할수록 가진 자들은 점점 더 많은 것을 가질 수밖에 없다. 이런 잘못된 믿음으로 중산층은 점점 사라지고 하층민은 점점 더 두꺼워질 것이다. 노력 신봉 공화국의 신념을 지키면 지킬수록 우리는 점점 빈부 격차가 심해지는 세상에 살 수밖에 없다.

국가의 책임에 관해 이야기할 때 단골손님으로 '도덕적 해이'가 언급된다. 얼핏 들으면 상당히 논리적인 이야기처럼 느껴진다. 가난한 사람들에게 그렇게 마구 돈을 퍼주면 무슨 소용이 있겠느냐는 말이다. 공짜로 교육해주면 그것이 효율이 있겠느냐는 말이다. 그렇게 무상으로 의료와 복지 혜택을 제공하면 대개의 사람이 아예 일도 하지 않고 수많은 혜택과 복지만 누리면서 살지 않겠느냐는 말이다.

물론 그런 사람들이 있을 수 있고, 있는 것도 사실이다. 하지만 대부분은 그런 기회와 혜택이 없으면 아예 희망과 꿈을 가질 수 없는 사람들이다. 다시 강조하지만 그런 사람들은 어쩌다 보니 자기의 선택과 의지와 상관없이 그런 상황에 놓이게 된 경우가 대다수다. 운이 나빴다면 누구나 그런 상황에 놓일 수 있다는 생각을 잊어서는 안 된다. 좋은 사회란 어떤 것일까? 좋은 정부란 어떤 것일까? 운이 없어 가난하고 어렵게 된 사람들에게 적극적으로 개입하는 사회와 정부가 좋은 사회이고 좋은 정부다.

마지막 희망은
사회적 환경 개선에서 찾아야 한다

재능도, 가정적·사회적 환경과 기회도, 노력도 개인의 의지와 상관없이 정해진 측면이 있다고 강조했다. 하지만 모든 것이 다 그런 것만은 아니다. 마지막 보루가 하나 있다. 그것은 사회적 환경이다. 높은 누진소득세가 '소극적인' 사회적 책임의 일환이라면, 사회적 환경과 구조를 개선하는 것은 '적극적인' 사회적 책임의 실현이다.

다양한 재능을 가지고 서로 다른 가정환경에서 태어난 사람들이 기울어진 운동장에서 싸우지 않도록 운동장의 환경과 구조를 개선하면 된다. 이것이 가장 이상적인 국가와 정부의 책임이다. 어떤 재능을 가지고 태어났건, 어떤 가정에서 태어났건 모두가 본인의 재능을 활용해 잘살 수 있는 사회적 환경과 구조를 만들어야 한다.

미국에 살면서 놀란 일이 많지만, 그중 하나는 자동차 공업사에서 일하는 정비공의 임금이었다. 1996년쯤이었던 것으로 기억하는데, 그때 나는 편의점에서 한 시간에 6달러(그때 당시 5,000원) 정도의 임금을 받고 일했다. 최저임금이었다. 그 당시 우리나라의 최저임금은 1,200원 정도였다.

그때 미국에서는 보통 근로자들이 2주일에 한 번씩 임금을 수표로 받았다. 그러면 그 수표를 은행이나 편의점에 가지고 가서 1.5퍼센트 정도의 수수료를 지불하고 현금으로 바꿨다. 편의점에서 아르바이트를 할 때 수표를 현금으로 바꿔주는 일도 했기 때문에, 나는 대부분의 근로자가 직종에 따라 2주에 얼마의 임금을 받는지 알 수 있었다.

보통 직종은 한 시간에 10달러(약 8,300원) 정도 받았고, 일주일에 40시간 일했을 경우 2주면 800달러(약 66만 4,000원) 정도의 임금을 받았다. 그런데 자동차 공업사에서 일하는 정비공들은 2주에 보통 3,200달러(약 266만 원)의 수표를 들고 왔다. 한 시간에 40달러(약 3만 3,300원)로 네 배의 임금을 받은 것이다.

당시 한국의 정비사들에 비하면 엄청난 임금이었다. 그래서 한때는 한국의 기술직들이 미국에 이민을 많이 갔다. 그때만 해도 한국에서는 기술직들이 형편없는 대우를 받았기 때문이다. 난 그때 처음으로 '공부를 꼭 열심히 하지 않아도 되겠구나'라는 생각을 했다. 공부가 유일한 출세와 성공의 길이 아님을 깨달은 것이다.

하지만 우리나라는 지나칠 정도로 공부를 성공과 실패의 척도이자 기준으로 삼아버린다. 어느 날 교회에서 설교를 듣다가 목사님이 무심코 던진 말을 잊을 수가 없다. 우리나라에 종교가 많은데 가장 강력한 종교는 대학'교'라고 했다. 대학교라는 종교 앞에 모든 종교가 꼬리를 내릴 정도로 대학교가 성공과 실패의 기준이 되어버린 것이다.

성공할 수 있는 길이 이것도 있고 저것도 있으면 좋으련만, 우리에게는 공부밖에 없는 듯하다. 태어나면서부터 대학에 들어가기까지 18년 동안 학생들은 공부에 목숨을 건다. 그것밖에 없기 때문이다. 다른 전략이 거의 없다. 너무 강력하고 하나밖에 없는 성공의 길이기 때문에 학생뿐만 아니라 학생의 부모까지 함께 싸워야 한다. 우리나라 근로자가 2,000만 명인데 학원 관련 근로자가 300만 명이라고 한다. 무슨 이야기가 더 필요하겠는가.

이런 사회적 구조와 환경에서 공부를 못하는 사람이 맞닥뜨리는 현실은 어떻겠는가. 대부분의 학생은 공부를 잘하지 못하고, 좋은 대학교에 들어갈 수도 없다. 그들이 느낄 자괴감이 얼마나 크겠는가. 우리나라의 초등학생, 중학생, 고등학생들의 삶은 정말 인간 승리라고 봐야 한다. 이렇게 어려운 사회적 구조와 환경 속에서 공부를 잘하지 못하면서도 억지로 버티고 버티는 모습이 존경스럽기까지 하다. 다른 방법이 없으니 어쩔 수 없겠지만, 그런 환경에서 18년을 지낸다는 것 자체가 이미 대단한 일이다.

정부가 건설해야 할 이상적인 좋은 사회란 어떤 것일까? 그것은 공부가 유일한 길이 아니고 다양한 자질과 능력을 갖춘 사람들이 그것으로 잘 먹고 잘살 수 있는 사회적 환경과 구조를 만드는 것이다. 미용이든, 정비든, 장사든, 음악이든, 그림이든, 만화든, 유튜브든, 운동이든 무슨 일이든지 상관없다. 각자가 가지고 태어난 재능과 능력을 발휘해 잘 먹고 잘살 수 있는 사회적 환경과 구조를 만들어야 한다. 그러면 어떤 재능과 능력을 갖추고 태어나도 문제가 되지 않는다. 이런 일을 개인이 할 수는 없다. 정부가 적극적으로 만들어가야 한다. 이것이 정부의 가장 중요한 책임이고 의무다.

노력이
진정 빛을 발하려면

지금도 그렇지만 한때 엄청난 인기를 끌었던 KBS TV 프로그램 중에 〈동물의 왕국〉이 있다. 1970년 3월 8일에 시작해 50년이 넘도록 방송하고 있는 최장수 프로그램이다. 〈동물의 왕국〉은 아프리카 밀림을 배경으로 수많은 동물의 생활과 환경을 보여주는 동물 전문 다큐멘터리 프로그램으로 시청자들에게 흥미와 재미를 선사한다.

그런데 재미있는 것은 시청자들이 〈동물의 왕국〉을 시청하며 프로그램의 취지와 상관없이 깨닫게 되는 것이 있다는 사실이다. 그것은 다름 아닌 밀림에서의 적자생존 원칙이다. 국어사

전에 보면 '적자생존'을 '환경에 적응하는 생물만이 살아남고, 그렇지 못한 것은 도태되어 멸망하는 현상'이라고 정의한다. 적자생존의 관점에서 이 프로그램을 시청하면 재미있기도 하지만 무섭기도 하다. 몸집이 작고 힘이 없는 동물들이 밀림에서 살아남기 위해 고전분투하는 모습을 보면 여러 생각이 든다.

어쨌거나 밀림은 완벽하게 강자가 지배하고 통치하는 사회다. 강자가 약자를 주저 없이 잡아먹는 것은 대자연의 순리다. 이런 생태계를 먹이 사슬로 표현하기도 한다. 피라미드 형태로 구성된 먹이 사슬에서는 개체 수가 적은 강자가 개체 수가 많은 약자를 잡아먹고, 이 약자들은 그보다 더 수가 많은 약자를 잡아먹는다. 이것이 자연의 섭리다. 이런 구조가 무너지면 생태계가 무너져 모든 동식물이 이 지구상에서 멸종하게 된다.

〈동물의 왕국〉을 시청하면서 사람들은 적자생존의 원칙이 인간의 왕국에서도 그대로 실현된다는 사실을 깨닫는다. 그래서 먹히지 않기 위해 강해져야겠다는 생각도 하고, 강자가 약자를 잡아먹는 현실도 자연스럽게 받아들인다. 사실 틀린 이야기는 아니다. 더 없이 맞는 이야기이고 그것이 우리의 현실이다.

밀림 생태계에서는 누가 강자가 되고 누가 약자가 될까? 인간의 성공과 실패는 재능, 환경, 노력이라는 세 가지 조건으로 결정되지만, 동물의 세계에서는 딱 한 가지로 결정된다. 누가 강자가 되고 누가 약자가 될지는 태어나면서부터 결정된다. 어느 동물도 자기의 미래를 선택하거나 결정할 수 없다. 이미 결정된 상태로 세상 밖으로 나온다. 인간의 왕국도 엄밀하게 따지면 그렇다. 우리가 노력이라는 말로 멋지게 포장하지만 타고난 재능과 환경의 압도적인 영향력은 동물의 왕국과 그리 다르지 않다.

부정할 수 없는 사실 중 하나는 시간이 갈수록 인간의 세계가 동물의 세계와 같아지고 있다는 점이다. 강자는 점점 강해지고 약자는 점점 약해진다. 강자는 완벽하게 약자를 제압하고 약자를 거리낌 없이 잡아먹는다. 이런 현상은 요즘 세대에 더 강하게 나타난다. 노력이라는 명분을 이용해 인간의 세계가 동물의 세계처럼 되는 것을 정당화하고 합리화한다.

그러면 우리 인간의 왕국도 피라미드형 먹이 사슬처럼 운영되어야 할까? 인간도 동물이니 당연히 강자와 약자가 존재해 강자가 약자를 지배하고 통치해야 할까? 동물의 왕국처럼 인간의 왕국도 적자생존의 원칙이 지배하면 좋을까?

그렇지 않다. 피라미드형의 먹이 사슬을 만들면 만들수록 인간의 왕국은 패망한다. 강자도 약자도 모두 죽을 수밖에 없다. 빈부 격차가 크게 나는 인간의 왕국을 우리는 후진국이라고 부른다. 빈부 격차가 작은 나라를 우리는 선진국이라고 부른다.

후진국에서는 강자도 행복하게 살기 어렵다. 빈부 격차가 큰 나라는 필연적으로 수많은 구조적 문제를 가질 수밖에 없기 때문이다. 치안과 안보뿐만 아니라 취약한 사회 구조적 환경 때문에 강자도 살아남기 어렵다.

반대로 빈부 격차가 작은 나라는 약자뿐만 아니라 강자도 행복하게 살 수 있다. 빈부 격차가 작은 나라는 치안과 안보뿐만 아니라 기본적인 사회 구조 환경이 건강하고 안정적이기 때문이다. 강자가 가진 것을 사회에 환원하고 그 환원된 재원은 건강하고 안정적인 사회를 구현하는 데에 사용할 수 있다. 그 혜택은 일차적으로 약자가 누리는 것처럼 보이지만, 궁극적으로는 다시 강자가 누리게 된다.

이런 '아름다운 사회를 만들기 위해서'는, 이런 '건강하고 안정적인 사회를 만들기 위해서'는, '강자가 가진 것을 많이 환원하기 위해서'는 누가, 어떻게, 인간의 왕국에서 강자가 되고 약자가 되는지에 대한 이해와 공감이 있어야 한다. 동물의 왕국처럼 인간의 왕국 역시 강자와 약자는 타고난 것에 의해 좌우된다는 사실을 인정해야 한다. 스스로 결정하고 선택할 수 없는 것들이 인간의 왕국에서도 강자와 약자를 결정한다는 사실을 공유해야 한다. 그래야만 서로 같이 잘살 수 있는 사회를 만들 수 있다. 역설적이게도 이 사실을 인정하지 않으면 우리는 좋은 사회를 만들 수 없다.

우리는 동물의 왕국처럼 살 필요가 없다. 그렇게 살 명분이 없다. 그렇게 살면 모두 죽는다. 우리가 주도적으로, 국가적 차원에서 좋은 환경과 구조를 만들고 모든 이에게 기회를 제공하면 된다.

노력 신봉 공화국에서는 노력의 힘이 너무 과장되어 있다. 인생에서 성공하고 실패하는 것은 노력으로 결정되는 것처럼 보이지만 진실은 그렇지 않다. 노력으로 성공할 수 있으면 우리나라 사람들 대부분이 성공했을 것이다. 노력보다 훨씬 더 강한 타고난 능력과 자질, 그리고 환경과 기회라는 주요인이 있으며, 그것들은 개인의 의지와 상관없이 주어지는 것들이라는 사실을 명심할 필요가 있다.

또한 노력조차도 타고난 능력임을 주시해야 한다. 비관적인 태도가 아니다. 역설적으로 훨씬 더 진보적이고 희망찬 태도다. 노력이라는 이름으로 많은 사람을 몰아붙이면 대부분은 불행해지고 쓰러질 수밖에 없다. 노력해야 할 종목을 몇 개만 정해놓고 모든 사람을 줄 세우면 그 피해는 감당하기 어렵다.

노력 신봉 공화국에서는 노력이라는 이름으로 무한경쟁의 전투를 벌이는 것처럼 보인다. 승리의 축배는 소수의 강자에게 돌아가고, 그 축배의 명분은 무한경쟁을 승리로 이끈 주역인 노력이라는 장군에게 주어진다. 그런데 재미있게도 안을 들여다보면 승자는 그 종목에 훌륭한 재능을 가졌고, 훌륭한 재능이 실현될 수 있는 가정적·사회적·환경적 조건을 가지고 있었으며, 재능이 빛을 발할 수 있는 노력이라는 무기조차 가지고 있었다는 사실을 알게 된다.

이제 더는 노력이라는 이름으로 자신과 타인을 거칠게 다루지 않으면 좋겠다. 타고나는 것들과 주어지는 환경을 서로 인정하고 이해해주기를 바라본다.

- Coakley, E. H., Rimm, E. B., Colditz, G., Kawachi, I., & Willett, W. (1998). "Predictors of weight change in men: Results from The Health Professionals Follow-Up Study", International Journal of Obesity and Related Metabolic Disorders, 22, 89-96.

- David Z. Hambrick & Brooke N. Macnamara. (2019). "More confusion about deliberate practice: commentary on Miller et al. (2018)", High Ability Studies, 30:1-2, 291-294.

- Hambrick, D.Z., Tucker-Drob, E.M. (2015). "The genetics of music accomplishment: Evidence for gene-environment correlation and interaction", Psychonomic Bulletin Review 22, 112-120.

- Heine, S. J., Kitayama, S., Lehman, D. R., Takata, T., *Ide, E., *Leung, C., & Matsumoto, H. (2001). "Divergent consesequences of success and failure in Japan and North America. An investigation of self-improving motivations and malleable selves", Journal of Personality and Social Psychology, 81, 599-615.

- Kelly, E. L., & Conley, J. J. (1987). "Personality and compatibility: A prospective analysis of marital stability and marital satisfaction", Journal of Personality and Social Psychology, 52(1), 27-40.

- Macnamara BN, Hambrick DZ, Oswald FL. "Deliberate Practice and Performance in Music, Games, Sports, Education, and Professions: A Meta-Analysis", Psychological Science. 2014;25(8):1608-1618.

- Mann, T., Tomiyama, A. J., Westling, E., Lew, A.-M., Samuels, B., & Chatman, J. (2007). "Medicare's search for effective obesity treatments: Diets are not the answer", American Psychologist, 62(3), 220-233.

- Markus, H. R., & Kitayama, S. (1991). "Culture and the self: Implications for cognition, emotion, and motivation", Psychological Review, 98(2), 224-253.

- OECD (2021). "Does Inequality Matter? How People Perceive Economic Disparities and Social Mobility", OECD Publishing, Paris. https://doi.org/10.1787/3023ed40-en.

- Stevenson, H., & Stigler, J. W. (1994). "Learning gap: Why our schools are failing and what we can learn from Japanese and Chinese education", Simon and Schuster.

- Su, S. K., Chiu, C. Y., Hong, Y. Y., Leung, K., Peng, K., & Morris, M. W. (1999). "Self organization and social organization: American and Chinese constructions", In T. R. Tyler, R. Kramer, & O. John (Eds.), The psychology of the social self (pp. 193-222). Mahwah, NJ: Lawrence Erlbaum Associates. Inc.

- 2018년 5월 8일 《동아일보》 기사(김호경, 김우경)를 보면 재미있는 통계가 있다. 서울대가 수능으로 선발한 학생들의 지역과 학교 유형을 2014년도와 2015년도를 비교한 자료가 보고되었다.

- 마이클 샌델, 『공정하다는 착각』, 함규진 역, 와이즈베리.

- 말콤 글래드웰, 『아웃라이어』, 노정태 역, 김영사.

- 우명숙 & 남은영. (2021). "공정성 원칙으로서 능력주의와 불평등 인식: 한국과 일본의 비교". 아세아연구, 64(1), 201-244.

KI신서 11013

노력의 배신

1판 1쇄 발행 2023년 7월 19일
1판 6쇄 발행 2024년 12월 16일

지은이 김영훈
펴낸이 김영곤
펴낸곳 (주)북이십일 21세기북스

인문기획팀 팀장 양으녕 책임편집 이지연 마케팅 김주현
디자인 엘리펀트스위밍
출판마케팅팀 한충희 남정한 나은경 최명열 한경화
영업팀 변유경 김영남 강경남 황성진 김도연 권채영 전연우 최유성
제작팀 이영민 권경민

출판등록 2000년 5월 6일 제406-2003-061호
주소 (10881) 경기도 파주시 회동길 201 (문발동)
대표전화 031-955-2100 팩스 031-955-2151 이메일 book21@book21.co.kr

(주)북이십일 경계를 허무는 콘텐츠 리더

21세기북스 채널에서 도서 정보와 다양한 영상자료, 이벤트를 만나세요!
페이스북 facebook.com/jiinpill21 포스트 post.naver.com/21c_editors
인스타그램 instagram.com/jiinpill21 홈페이지 www.book21.com
유튜브 www.youtube.com/book21pub
서울대 가지 않아도 들을 수 있는 명강의! <서가명강>
유튜브, 네이버, 팟캐스트에서 '서가명강'을 검색해 보세요!

© 김영훈, 2023
ISBN 978-89-509-5742-1 03180